Mosaik

Cornelia Nitsch
Cornelia von Schelling

Kindern Grenzen setzen – wann und wie?

Mit Liebe konsequent sein

Mosaik Verlag

Fotonachweis: Picture Press/Marina Raith S. 71; Michael Seifert S. 15, 23, 43, 85, 90; Ursula Zeidler-Dumanski S. 31, 59

Lektorat: Monika König
Redaktion: Christine Schrödl
Umschlaggestaltung: Martina Eisele
Umschlagfoto: Tony Stone, Bilderwelten

Der Mosaik Verlag ist ein Unternehmen
der Verlagsgruppe Bertelsmann

Satz: Alinea GmbH, München
Druck und Bindung: Sebald Sachsendruck, Plauen
Printed in Germany
ISBN 3-576-10684-7

Inhalt

I. Abgrenzen lernen – ein wichtiger Lernprozeß

Schon im Babyalter beginnt der Ablöseprozeß von den Eltern. Babys zeigen sehr deutlich, daß sie ihren eigenen Kopf haben

Die Kindheit soll so schön und harmonisch sein, daß der Sohn oder die Tochter später von diesen Erfahrungen zehren kann – in dem Ziel sind sich Mütter und Väter einig. Sie geben ihrem Kind Liebe, Zärtlichkeit, Unterstützung und Anregungen; sie zeigen Verständnis und Geduld. Das alles ist wichtig, damit sich ein Kind entwickeln kann. Doch kommt es bei all dieser Zuwendung auf das richtige Maß an. Hier die Balance zu finden zwischen einem Zuviel und Zuwenig fällt vielen Müttern und Vätern schwer.

In den ersten Monaten nach der Geburt sind Mutter und Kind noch eine Einheit. Das Baby ist ganz und gar auf seine Mutter angewiesen und darf von ihr bedingungslos verwöhnt werden. Ihre Nähe und Fürsorge schaffen Sicherheit und Vertrauen und sind die Basis für ein intaktes Selbstwertgefühl.

So wichtig diese Symbiose zwischen Mutter und Baby ist, so notwendig ist es, die enge Verbindung nach und nach zu lockern. Nach einem halben Jahr etwa beginnen erste Ablösungsversuche, begleitet von wichtigen Lernschritten des Babys und seiner Eltern. Immer mehr entdeckt das Kind jetzt seinen eigenen Kopf und seine Kräfte. Es ahnt langsam, daß es eine Menge erreichen kann, wenn es nur will, und beginnt, entsprechend zu experimentieren: Was geschieht, wenn ich jeden Abend herzerweichend brülle, statt zu schlafen? Oder wenn ich mit dem Brei gurgle, statt ihn zu essen?

Das Baby lernt erste wichtige Lektionen: Wie reagieren andere auf mein Verhalten? Hat jeder Mucks, den ich tue, zur Folge, daß meine Eltern vor mir strammstehen, mich stundenlang in meinem Bettchen schaukeln, damit ich Ruhe gebe? Oder hat mein Breigurgeln zur Folge, daß sie mir geduldigst immer neuen Brei anbieten?

Wie reagieren die Eltern auf diese Testversuche? Zeigen sie ihrem Sprößling nachdrücklich Grenzen auf? Sagen sie abends, wenn sie ihr Kind zu Bett legen: »Jetzt ist Schluß, jetzt wird nicht mehr gespielt, und ich schaukle dein Bettchen auch nicht länger! Ich bleibe noch einen Moment still bei dir sitzen, und mehr geschieht nicht! Und wenn du weinst, weil ich nach einer Weile gehe, dann ist das eben so und läßt sich nicht ändern!« (In der Regel gibt sich der Kummer in dieser Situation schnell wieder.) Oder gehen sie geduldig auf die Wünsche ihres Babys ein und wiegen es Abend für Abend stundenlang in den Schlaf? Geben sie dem Baby beim Füttern zu verstehen: »Wenn du den Brei nicht essen magst – auch gut. Dann räume ich ab!« Oder warten sie ab, bis der Breigurgler keinen Spaß mehr am Gurgeln hat und seinen Brei schluckt?

Erziehung heißt mehr, als Liebe, Zärtlichkeit, Unterstützung, Verständnis, Anregungen, Geduld aufzubringen. Erziehung heißt auch, Grenzen festzusetzen, selbständig zu werden. Wer sein Kind annimmt und liebt, seine Persönlichkeit sieht und respektiert, akzeptiert auch, daß die Nähe zum Kind Grenzen hat.

Kinder testen nicht nur, wo andere Grenzen ziehen, sondern lernen schnell, sich auch selbst von ihren Mitmenschen abzugrenzen: Der Einjährige schiebt die Flasche zur Seite, wenn er nicht mehr trinken mag, und schüttelt energisch den Kopf. Die Vierjährige sagt klar und deutlich nein, wenn sie aufgefordert wird, das Kinderzimmer aufzuräumen. Der Zwölfjährige dreht den Kopf zur Seite, wenn ihm seine Mutter einen Kuß geben möchte.

Je älter sie werden, desto häufiger pochen Kinder auf ihre Selbständigkeit und gehen auf Distanz zu ihren Eltern: »Das kann ich allein!« Oder: »Ich weiß selbst, was ich zu tun und zu lassen habe!«

Nicht nur die Kinder gehen mit der Zeit mehr und mehr auf Abstand zu ihren Eltern, auch das Umgekehrte gilt: Mit dem Größerwerden ihrer Söhne und Töchter müssen auch die Eltern lernen, sich von ihren Kindern abzugrenzen. Wenn zum Beispiel die Tochter nach ihrem Füllfederhalter greift, lernt die Mutter nachdrücklich zu sagen: »Bring ihn bitte zurück, er gehört mir!«

Besonders schwer fällt es den meisten Eltern, sich auch innerlich ein Stück mehr von den Kindern zu lösen und Verantwortung abzugeben: »Du bist alt genug. Du mußt selbst wissen, was du willst.«

Kinder wollen keine Eltern, die zu sehr an ihnen hängen oder vor Opferbereitschaft triefen, die »den Kindern zuliebe« auf alles verzichten und scheinbar gelassen jeden Frust wegstecken nach dem Motto: »Die Kinder haben natürlich Vorrang.« Sie wünschen sich Eltern, die gut für sich selbst und

Mit jedem neuen Entwicklungsschritt machen sich Kinder ein Stückchen unabhängiger. Um selbständig zu werden, müssen sie lernen, auf Abstand zu ihren Eltern zu gehen

Nicht nur die
Kinder gehen auf Distanz zu den Eltern. Auch die Eltern müssen lernen, sich von ihren Kindern abzugrenzen. Oft ein mühsamer Lernprozeß

für ihre Kinder sorgen. Für Kinder gut sorgen heißt auch, frühzeitig ihre Selbständigkeit zu fördern.

Was sich so einfach und schnell liest, erleben viele Familien in der Praxis als mühevollen, anstrengenden Prozeß. Sich lösen, auf Abstand gehen zu geliebten Menschen, das kann weh tun. Vor allem viele Mütter haben ihre Schwierigkeiten damit: Es macht Freude, den kleinen Sohn, die kleine Tochter zu bemuttern. Aber es fällt oft schwer, nicht mehr zu glucken und zu umsorgen, sondern sich abzugrenzen. Viel zu schnell sind die Baby- und Kleinkindzeiten dahin. Kaum in der Schule, beginnen die Kinder schon ihre eigenen Wege zu gehen. Das zu akzeptieren fällt manchmal schwer. Beobachten Eltern jeden Schritt ihres Kindes in die Selbständigkeit mit Argusaugen, fordern sie pausenlose Nähe, Liebe ohne Grenzen, Zuwendung rund um die Uhr, dauerhafte Harmonie und Familienseligkeit, dann nehmen sie ihrem Kind die Luft zum Atmen, engen seinen Spielraum ein und verhindern so, daß es sich zu einem selbstbewußten und selbständigen Menschen entwickelt.

Der Ablöseprozeß zwischen Eltern und Kindern zieht sich über Jahre hin und wandelt sich dauernd. Was gestern noch galt, gilt heute nicht mehr. Mit jedem neuen Entwicklungsschritt der Kinder ändert sich das Familienleben. Die Spielregeln, die es bestimmen, müssen immer wieder neu festgesetzt werden.

II. Warum ein Kind Grenzen braucht

Vor allem kleine Kinder brauchen Regeln – ein Gerüst, das ihnen Halt bietet. Das heißt noch lange nicht, daß sie sich an alle Regeln halten

Zuerst schaut es sich die Welt vom sicheren Schoß der Mutter aus an. Dann kommt das Baby nach und nach in Bewegung – erst auf Händen und Knien, dann auf Füßen und Beinen – und macht sich neugierig daran, diese Welt zu erforschen. Alles ist riesig, aufregend, geheimnisvoll und auch ein wenig beängstigend. Wie gut, daß Mutter oder Vater im Hintergrund stehen und ihr Kind bei seinen Expeditionen im Auge behalten und ihm Rückhalt geben.

Weil die Welt groß und fremd vor ihm liegt, braucht das Baby Orientierungsmarken auf seinen Erkundungswegen. Es braucht Erwachsene, die ihm den Weg zeigen, wenn es nicht weiter weiß; die ihm Mut machen, wenn es zaudert; die es loben, wenn es angestrebte Ziele erreicht, und die es auffangen, wenn Irrwege eingeschlagen werden. Wird es gefährlich, rufen die Eltern »Stop!« und erklären sinnvollerweise, warum sie Grenzen setzen:

- Eine Fünfjährige und ihre Mutter sitzen mit kranker Katze beim Tierarzt im Wartezimmer. Das Mädchen will einen Hund streicheln, der unter einem Stuhl liegt und döst. »Faß ihn lieber nicht an«, sagt die Mutter, »er kennt dich nicht und hat Schmerzen. Vielleicht fühlt er sich durch dich gestört und schnappt zu!«
- Ein Vierjähriger spielt im Gartenlokal zwischen den Tischen und läuft dem Ober vor die Füße, der ein vollbeladenes Tablett trägt. Die Mutter ruft ihren Sprößling zurück, erklärt ihm, warum er sowohl sich als auch den Kellner gefährdet: »Du stehst ihm im Weg. Das ist gefährlich. Stolpert er über dich, dann kann er stürzen. Der heiße Kaffee schwappt vielleicht über und verbrüht dich oder ihn! Spiel lieber nebenan auf der Wiese. Von da aus kannst du mich auch sehen!«

Egal welchen Alters, ein Kind wünscht sich eine Richtschnur, an der es sich orientieren kann. Es wehrt sich jedoch gegen ein zu starres Korsett, in das es mit Macht eingezwängt wird. Es will sich in diesem Rahmen nicht eingeengt fühlen; es braucht ausreichend Freiraum für Spiele und Experimente, die ihm Freude machen und es in seiner Entwicklung weiterbringen. Stößt ein Drei-, Fünf- oder Zehnjähriges dauernd an Schranken und Mauern, läßt es schließlich das Fragen und Forschen, und seine Neugierde verkümmert.

Und noch eines: Werden zu viele Verhaltensregeln und Normen nach dem Muster »Laß das, das ist zu gefährlich!« und »Mach das sofort« verkündet, verliert das einzelne Ge- oder Verbot seine Wirkung.

Verhaltensrichtlinien dienen dazu, das Zusammenleben zu regeln, doch sie dürfen auch in Frage gestellt werden. Schon Zweijährige können viel Energie und viel Charme aufbringen, wenn es darum geht, ihren Spielraum zu erweitern. Kinder wollen Grenzen austesten. Während des Trotzalters und der Pubertät überprüfen sie besonders gern die Verlautbarungen ihrer Eltern auf Haltbarkeit.

Töchter und Söhne wollen und sollen nicht nur nett und artig sein und das hinnehmen, was die Erwachsenen ihnen vorgeben. Immer gehorchen und klein beigeben und die Großen als allwissende Autoritäten betrachten, das ist wahrlich nicht in ihrem Interesse. Im Gegenteil. Weit besser für ihre Entwicklung zu selbstsicheren und selbständigen Wesen ist, gründlich zu untersuchen, was die Großen vorgeben; lernen, die entsprechenden kritischen Fragen zu stellen und sich nicht einfach stur an die Vorgaben der Erwachsenen zu halten: »Warum darf ich nicht bei meinem Freund übernachten?« Oder: »Warum darf ich nicht erst draußen spielen und dann meine Hausaufgaben erledigen?«

Auf diese Weise lernt ein Kind nicht nur nach und nach, die Spielregeln zu hinterfragen, die zu Hause gelten, sondern sich eine eigene Meinung zu bilden und diese auch zu vertreten: »Wieso soll ich pünktlich zu Hause sein? Ich sehe nicht ein, daß ich um sechs Uhr schon wieder zurück sein soll. Ich kann mir doch später etwas zu essen machen und muß nicht unbedingt mit euch am Tisch sitzen!« Oder: »Wieso kann ich nicht die Haarfarbe haben, die ich möchte? Das sind doch meine Haare und nicht eure. Ich mag grüne Haare. Ob ich sie mir färbe, ist allein meine Angelegenheit!«

Söhne und Töchter bekommen schnell spitz, daß nicht alle Regeln ihrem Wohl dienen. Manche entstehen nur aus einer Laune heraus oder sollen elterliche Macht zementieren. Um so besser, wenn sie früh lernen, sich

Eine wichtige Erfahrung: Testen, ob die von den Erwachsenen vorgegebenen Grenzen auch wirklich ernst gemeint sind, und abwarten, was geschieht, wenn man sie überschreitet

hier zu wehren, und sich trauen, die Sache auch beim Namen zu nennen: »Ich soll doch bloß im weißen Blüschen herumlaufen, damit ich ›nett‹ aussehe, wenn eure Freunde zu Besuch kommen!« Oder: »Ein Instrument soll ich doch nur spielen, weil das euren Vorstellungen von Leistung entspricht, und nicht, weil ich Interesse an Musik habe!«

Die Grenzen, die Eltern setzen, werden nicht nur auf Festigkeit und Stimmigkeit überprüft, sondern manchmal auch schlicht ausgehebelt: »Eure Maßstäbe sind nicht meine. Ich mach', was ich will!« Oder: »Ich denke nicht daran, mich nach euch zu richten!«

Die Folge: Krach und endlose Diskussionen – alles zusammen ein wichtiger Lernprozeß für Eltern und Kind. Diese Auseinandersetzungen machen Sinn. Sie sind eben nicht überflüssig und energieverschwendend, sondern helfen einem Kind, selbständiger zu werden. Außerdem lernt es, daß es Folgen haben kann, sich nicht an Abmachungen zu halten: »Komme ich nicht wie verabredet zum Mittagessen, sondern erscheine erst eine Stunde später, gibt's keine warme Mahlzeit mehr, sondern nur noch ein Wurstbrot auf die Hand.«

Jedes Kind muß manchmal über die Stränge schlagen, die Eltern ärgern und zur Verzweiflung bringen, um herauszufinden, wie sich Erwachsene verhalten und welche Muster in dem sozialen Umfeld, in das sie hineinwachsen, gelten: »Wie reagieren die Erwachsenen, wenn ich genau die Schimpfwörter benutze, die sie zum Tabu erklärt haben?« Oder: »Ärgern sie sich, wenn ich ungewaschen zum Frühstück erscheine, oder bleiben sie cool?«

Nur verwöhnt und in Watte gepackt werden, nur tun und lassen können, was man will, das ist nicht nach dem Gusto von Kindern. Egal ob zwei oder zehn Jahre alt – ein Kind fühlt sich zu Hause nur dann gut aufgehoben und sicher, wenn die Erwachsenen ihm auch mit Festigkeit entgegentreten und signalisieren: »Wir lassen uns nicht immer von dir um den kleinen Finger wickeln und alles mit uns machen!« Auf diese Weise lernt es, daß seine Macht und seine Freiheit Grenzen haben.

Bei Regelverletzungen und Grenzüberschreitungen sammelt ein Kind wichtige Erfahrungen. Es lernt verschiedene Verhaltensmuster kennen und einzuordnen und das eigene Verhalten auf Reaktionsmuster anderer abzustimmen.

Der Reiz dieser »Lern«-Spiele läßt nach, wenn die Erwachsenen konsequent, aber nicht stur und starr-

Eltern, die Sicherheit ausstrahlen und eine klare Linie vorgeben, sind das Vorbild, nach dem sich Kinder sehnen

Natürlich genießt ein Kind seine Freiheit, aber Freiheit ohne Ende überfordert: Wie soll es seine Richtung finden?

sinnig, auf Einhaltung der Regeln beharren, die sie mit ihm verabredet haben.

◗ *Jedes Kind wünscht sich Eltern, die wissen, was zu tun und was zu lassen ist, und diese Sicherheit auch weitergeben.* Nehmen wir den Achtjährigen, der unter einer Mittelohrentzündung leidet, Antibiotika nehmen soll, den rosa Saft aber partout nicht schlucken möchte. Seine Eltern beharren aber nachdrücklich darauf: »Hier gibt es keine Diskussionen. Die Medizin muß jetzt einfach sein. Hinterher wird es dir bessergehen!« Aller Abwehr zum Trotz akzeptiert er hier die Autorität seiner Eltern, die mehr Erfahrung haben. Sind sich Erwachsene ihrer Sache sicher, können sich Kinder von dieser Gelassenheit ein Scheibchen abschneiden und fühlen sich damit selbst ein Stück stabiler.

◗ *Jedes Kind wünscht sich Eltern, die berechenbar und zuverlässig sind und verabredete Regeln auch ernst nehmen.* Die Vierjährige hat morgens absolut keine Lust auf den Kindergarten. Ihre Mutter besteht jedoch darauf, daß sie geht, und verspricht gleichzeitig: »Du kannst dich darauf verlassen, daß ich dich nachher pünktlich abhole!« Die Mutter steht dann auch wirklich zur verabredeten Zeit vor dem Kindergarten.

Daß Regeln, Ge- und Verbote nicht nur lästig, willkürlich oder überflüssig sind, sondern manchmal durchaus ihren Sinn haben, sieht ein Kind mit der Zeit und mit wachsender Einsicht immer häufiger ein: »Ich kann nicht nur tun, was *ich* will. Freiheit von morgens bis abends gibt es einfach nicht!«

Grenzen sind Hilfsmittel, wichtige Eckpfeiler, die den Spielraum begrenzen, in dem sich ein Kind sicher und geborgen bewegt.

III.

Warum es schwerfällt, Kindern Grenzen aufzuzeigen

Kinder sind in puncto Grenzensetzen hemmungsloser als Erwachsene

Eltern sind heutzutage unentschlossener und weicher als ihre eigenen Eltern

Manche Eltern finden keine klare Linie und geben keine Orientierung, da sie selbst keine haben

Wo Eltern lernen können, Grenzen zu setzen? Am besten bei ihren Kindern: Sie sind nicht nur Meister im Überschreiten von Grenzen, sondern auch darin, selbst Grenzen zu ziehen.

Schon das Baby kneift den Mund ganz fest zu, sobald es satt ist. Oder: »Nein, ich will nicht!« kreischt der Zwerg im Trotzalter und denkt gar nicht daran, klein beizugeben. Und: »Kein Eintritt!« steht klar und deutlich an der Schlafzimmertür des Zehnjährigen.

Von derart ungenierter Direktheit können Eltern bloß träumen: Nur die wenigsten sind im Abstecken von Grenzen so unverblümt wie ihre Kinder – nicht nur weil sie als Erwachsene behutsamer sind, sondern auch weil Eltern heutzutage vor allzuviel Strenge, vor Verboten und Strafen zurückschrecken. Sie wollen ihre Kinder – zum Glück! – nicht beherrschen; autoritäre Erziehung ist ihnen ein Graus. Sie sind toleranter, großzügiger und freundschaftlicher als Eltern früher. Gleichwohl tun sie sich schwer, ein eigenes neues Erziehungskonzept zu entwickeln. Seitdem das Familienleben nicht mehr streng geregelt und hierarchisch strukturiert ist, Traditionen kaum noch gelten und die Werte ins Wanken geraten sind, ist die Unsicherheit groß.

Den damit verbundenen Diskussionen fühlen sich Eltern nicht gewachsen. Ständig heißt es von seiten der Kinder: »Warum sollen wir das tun? Muß das sein? Wieso seid ihr bloß so spießig? Müßt ihr uns ständig nerven?« Am Ende ihrer Geduld angelangt, explodieren die Eltern irgendwann; doch sobald der Sturm vorbei ist, bleibt alles beim alten. Ihre bemühten Erziehungsversuche verpuffen. Die Kinder spüren ja, wie unsicher ihre Eltern sind, wie hilflos und angreifbar. Also werden Regeln und Grenzen permanent in Frage gestellt.

Woher rührt die Unsicherheit in der Erziehung, der Mangel an Autorität und Durchsetzungsvermögen? Warum geschieht nicht, was Eltern wollen? Die Gründe dafür sind vielfältig:

◗ *Eltern können nicht nein sagen* – aus Angst, zu autoritär zu sein. Ihre Kinder dürfen fast »alles«. Sicher, die Eltern ermahnen ihr Kind »tausendmal«: »Laß das« oder »Tu das«, aber sie setzen sich nicht durch. Denn sie bringen es nicht übers Herz, hart zu bleiben, sondern geben gegen ihre Überzeugung irgendwann nach. Insgeheim fürchten sie, die Zuneigung und Sympathie ihrer Kinder zu verlieren, wenn sie zu streng sind. Solche Eltern möchten auch keinesfalls als Besserwisser oder intolerante Prinzipienreiter gelten. Begriffe wie »Grenzensetzen« und »Konsequenz« sind für sie negativ besetzt: Locker und freundschaftlich soll es bei ihnen zugehen, in der Hoffnung, daß ihre Kinder, die nicht unter Druck und Verboten zu leiden haben, sich frei und selbstbestimmt entwickeln. Das geschieht aber nicht, da die Kinder nie richtig wissen, woran sie sind.

Viele Kinder werden zu unerträglichen Nervensägen, die ihre Eltern tyrannisieren und ihren Willen auf Biegen und Brechen durchsetzen müssen: Sie haben so viel Macht, daß sie für die Bedürfnisse anderer Menschen kein Gespür entwickeln können. Im Grunde schreien sie förmlich danach, Entschlossenheit zu spüren, Verbindlichkeit zu erleben – in der unbewußten Hoffnung, doch noch Halt und Orientierung zu finden. Denn es ist schwer, sich mit schwachen Eltern zu identifizieren. Außerdem erleben Kinder, deren Eltern meistens im Jein steckenbleiben, in Zukunft jedes unmißverständliche Nein als persönliche Niederlage oder zumindest als Zumutung und Ablehnung. Allerdings werden nicht alle Kinder, die keine Grenzen erfahren, zu kleinen Tyrannen. Manche ziehen sich zurück, sind eher schüchtern und angepaßt. So legen sie sich instinktiv die Grenzen auf, die sie zu Hause nicht erfahren – und so auch nicht testen und übertreten können. Weil ihnen die Vorbilder fehlen, die Halt geben und mit denen sie sich auseinandersetzen können, bauen sie sich selbst ein Korsett, um das fehlende Selbstvertrauen zu kompensieren.

Wieso halten sich die Kinder nicht an Grenzen und werfen Regeln einfach über den Haufen?

◗ *Eltern möchten unbedingt alles anders machen als ihre eigenen Eltern* – weil sie als Kinder unter der Strenge in ihrer Familie gelitten haben. Immer mußten sie brav und folgsam sein; oft haben ihre Eltern etwas zu tadeln und auszusetzen gehabt. Dieser Erziehungsstil hat sie vermutlich zu Menschen gemacht, die häufig von Schuldgefühlen geplagt werden und sich leicht von Autoritätspersonen einschüchtern lassen. Kein Wunder, daß sie ihren Kindern all das ersparen wollen und sich

Eltern, die nur anders erziehen wollen als ihre eigenen Eltern, sind blockiert; sie finden nicht zu einem persönlichen Erziehungsstil

Eltern, die zu enge Grenzen setzen, die immer helfen und alles kontrollieren wollen, halten ihre Kinder klein

Kinder wollen ihre Eltern als Mutter und Vater erfahren, nicht als Kumpel

enorm schwertun, Grenzen zu setzen.

Sie überschütten ihre Söhne und Töchter mit Liebe und tun »alles« für sie – damit sie stark und selbstbewußt werden. Niemals sollen sie sich klein und nichtsnutzig fühlen wie sie damals. Nur reagieren sie damit noch immer auf die negativen Erfahrungen in ihrer eigenen Kindheit, anstatt zu überlegen: »Wo stehen wir selbst?« So geschieht das, was sie verhindern wollten: Die eigenen Eltern erziehen mit. Und unwillkürlich verschließen sie sich der Möglichkeit, eigenständig Probleme zu lösen – und ihre Kinder so zu sehen, wie sie sind.

Außerdem fordern sie zuwenig von ihren Kindern und von sich viel zuviel: So zeigen sie sich selbst dann noch lieb und verständnisvoll, wenn sie längst vor Wut kochen. Aber ihre fast übermenschlichen Ansprüche an sich selbst und ihr schlechtes Gewissen lassen sie nicht los. Und wenn sie doch einmal in die Luft gehen, schämen sie sich furchtbar. Oder wenn sie ihren Kindern trotz allem mal eine klare Grenze setzen, nehmen sie sie irgendwann wieder zurück: Eigentlich sind sie immer noch so unsicher wie damals in ihrer Kindheit.

Das Ergebnis? Die Kinder sind meist grenzenlos frech und gar nicht so zufrieden und ausgeglichen, wie es die Eltern erhofften. Sie fordern die Eltern ständig heraus, als wollten sie wissen: »Was muß ich noch alles anstellen, damit ich endlich gezeigt bekomme, wo's langgeht?«

- *Eltern setzen Kindern zu enge Grenzen* – weil sie um sie Angst haben oder ihnen einfach zuwenig zutrauen. Diese Eltern wollen ihren Kindern in allen Lebenslagen helfen, ihnen Gefahren oder allzu unangenehme Erfahrungen ersparen. Ist ihr Kind wild und abenteuerlustig, versuchen sie es zu bremsen. Müht sich ihr Kind mit einer Bastelarbeit ab oder versucht die Gläser aus der Spülmaschine zu räumen, sind die Eltern gleich zur Stelle. Und gehört das Kind zu jenen, die »alles kaputtmachen«, was sie in die Hände bekommen, heißt es meist: »Das mußte ja passieren, warum kannst du nicht *einmal* aufpassen!«

Kinder extrem fürsorglicher Eltern tun sich meist schwer, selbständig zu werden, Verantwortung zu übernehmen und eigene Entscheidungen zu treffen. Weil ihnen wenig zugetraut wird, sind sie entmutigt und hilflos – und setzen ihre Schwäche unbewußt in grenzenlose Forderungen um: Sie sehen nicht ein, daß sie ihre Schulaufgaben allein erledigen sollen, oder protestieren lauthals, wenn die Mutter sie nicht überallhin kutschiert – die Eltern haben doch sonst immer alles für sie getan.

Je ängstlicher und unsicherer ihr Kind ist, desto hingebungsvoller meist die Aufmerksamkeit der Eltern. Dabei sehen die Eltern oft gar nicht, daß sie ihr Kind einschränken – daß es nicht erfährt, was es kann und wo es sich besonders anstrengen muß, daß es keine Grenzen testet, um zu wachsen, und sich keinen Herausforderungen stellt, dafür aber die Eltern bis an die Grenzen ihrer Kraft bringt.

◗ *Eltern halten sich aus der Erziehung heraus* – weil sie für ihre Söhne und Töchter wenig Zeit haben. Kindergärtner, Lehrer und andere Betreuer übernehmen im wesentlichen die Anleitung der Kinder, während Eltern am liebsten nur die »schönen Momente« mit ihnen verbringen. Sie unternehmen vergnügliche Dinge mit ihnen, und sie beschenken sie nach Möglichkeit großzügig – schon um ihre immer wieder aufkeimenden Gewissensbisse zu beruhigen.

Die Eltern sind also im wesentlichen Kumpel, die für gute Unterhaltung sorgen. Sie haben keine gewachsene Beziehung zu ihren Kindern, schauen gern weg, wenn Konflikte auftauchen und die Kinder sich schlecht benehmen, anstatt Stellung zu beziehen: Sollen sie sich denn die schönen Momente mit ihren Kindern durch Auseinandersetzungen so vermiesen? Vor allem Väter, die häufig abwesend sind oder durch Scheidung von ihren Kindern getrennt leben, entziehen sich der Erziehungsaufgabe und haben zu ihrem Sohn, ihrer Tochter nur wenig Zugang.

Für die Kinder ist das heikel: Da ihnen das Vorbild fehlt, an dem sie sich orientieren können, ihnen die Geborgenheit abgeht, die entsteht, wenn man den Eltern nahe ist und sich an ihnen reibt, fühlen sie sich »heimatlos«. Häufig werden sie zu hektischen, rastlosen Kindern, die ihre Eltern ständig reizen, mit dem Ziel, sie endlich aus der Reserve zu locken, um Nähe zu fühlen. Zuweilen klammern sie sich an andere Bezugspersonen, oder aber sie ziehen sich zurück, nabeln sich frühzeitig ab und scheuen vor jeder Art von verbindlicher Beziehung zurück.

Kinder, die zu Hause keinen Widerstand erfahren, sind orientierungslos und schwach

◗ *Eltern wollen ihren Kindern nichts vorschreiben* – damit sie sich zu freien und unabhängigen Menschen entwickeln. Solche Eltern wollen mit ihren Kindern partnerschaftlich umgehen, möchten sie auf keinen Fall gängeln und über sie bestimmen. Oft aber trauen sie sich einfach nicht, Stellung zu beziehen, und übertragen ihren Kindern deswegen zuviel

Ein Kind, das in seiner Entwicklung noch nicht soweit ist, die Erwartungen der Eltern zu erfüllen, sollte nicht unter Druck gesetzt werden

Verantwortung: Sie sollen sich wie kleine Erwachsene verhalten, obwohl sie eigentlich noch Halt und Unterstützung brauchen. So »darf« schon das Kleinkind morgens selbst entscheiden, was es anzieht oder was es mittags essen will; so soll der Zehnjährige selbst beurteilen, ob er mit seinem Schnupfen in die Schule geht oder nicht – dabei sind die Kinder der Qual solcher Wahlmöglichkeiten gar nicht gewachsen.

Wenn ein Kind zu früh, also nicht seinem Alter entsprechend, Entscheidungen treffen und über sich selbst bestimmen soll, fühlt es sich allein gelassen und überfordert. Daß es die Aufgaben, die ihm die Eltern stellen, somit schlecht oder gar nicht bewältigt, ist klar. Die Eltern drängeln vielleicht und treiben es an, doch aus Hilflosigkeit verweigert es sich. Entnervt sagt es nur noch: »Ich weiß nicht« und kann sich zu nichts mehr entschließen. Oder aber es springt hektisch von einer Entscheidung zur nächsten und ist so unter Druck, daß es immer zappeliger wird. Was es braucht sind überschaubare Grenzen und die Anleitung der Eltern, um von einer sicheren Basis aus in die Selbständigkeit zu starten.

- *Die Eltern verwöhnen ihr Kind nach Strich und Faden* – und es ist der Mittelpunkt der Familie, um den sich alles dreht. Die Eltern können ihm kaum einen Wunsch verwehren. Sie schaffen es einfach nicht, seine Ansprüche in Grenzen zu halten. Vielleicht weil sie für ihr Kind wenig Zeit haben und aus schlechtem Gewissen fehlende Zuwendung und eine schwierige Beziehung wenigstens durch die Erfüllung materieller Wünsche ausgleichen möchten. Zudem haben sie keinen Nerv für aufreibende Auseinandersetzungen.

Manchmal wollen sie auch zuviel des Guten. Vermutlich haben sie selbst hohe materielle Ansprüche, sind stolz auf ihren Wohlstand und wollen ihrem Kind möglichst viel bieten. Gibt es denn etwas Schöneres, als Kinder zu verwöhnen und sie mit Geschenken zu belohnen? Die Kleinen strahlen vor Freude, bedanken sich überschwenglich – und alle sind beglückt. Leider hält das Glück nicht an. Denn Kinder, die jeden Wunsch erfüllt bekommen, sind meist zutiefst unzufrieden, da sie letztlich nie genug haben. Wer sein Kind grenzenlos verwöhnt, treibt dessen Ansprüche ständig in die Höhe. Es wird immer fordernder und empfindet jedes Nein als unzumutbare Enttäuschung. Entweder es reagiert mit Wut und Beschimpfungen oder aber verfällt prompt in tiefe Niedergeschlagenheit.

Extrem verwöhnte Kinder sind

auch selten motiviert, nach Wegen und Möglichkeiten zu fahnden, sich ihre Bedürfnisse selbst zu erfüllen. Ihre Erfindungsgabe und Experimentierlust liegen brach. In ihrer Abhängigkeit von materiellen Dingen lernen sie weder, die Befriedigung ihrer Wünsche aufzuschieben, noch Kompromisse zu schließen. Denn sie ziehen ja ihr Selbstwertgefühl vor allem aus dem, was sie an teuren Dingen haben, und freuen sich nur noch, wenn sie beschenkt und materiell verwöhnt werden.

All die beschriebenen Gründe, die aufzeigen, warum Eltern sich schwertun, ihren Kindern Grenzen zu setzen, sind natürlich Extrembeispiele. Sie können die vielschichtigen Beziehungen innerhalb einer Familie niemals in all ihren Dimensionen erfassen. So gibt es sicher keine Eltern, die absolut alles erlauben oder ihr Kind unentwegt nur verwöhnen – aber in jeder Familie, in der das Grenzensetzen zum Problem geworden ist, überwiegt einer der genannten Erziehungsstile.

Eltern, die beim Verwöhnen nicht das richtige Maß finden, tun ihrem Kind auf Dauer keinen Gefallen

IV. Konsequent bleiben – Schwerarbeit für viele Eltern

Grenzen setzen heißt nicht, allein die eigene Meinung gelten lassen und mit Macht durchsetzen

Sprechen Eltern über Erziehung, ist das Thema »Grenzen setzen« für viele ein rotes Tuch. Bloß nicht den Kindern die Freiheit nehmen. Grenzen setzen – das klingt nach einengen und gängeln, Strenge und Verbot, bestimmt nicht nach Demokratie und Partnerschaft. Es erinnert an die Zeiten, die wir glücklicherweise hinter uns haben. Heute drohen Väter nicht mehr mit dem Zeigefinger, und Mütter predigen nicht länger Moral, sondern gehen verständnis- und liebevoll auf die Bedürfnisse ihrer Kinder ein und diskutieren mit ihnen, wenn sich Probleme ergeben.

Oft kommt es jedoch an diesem Punkt zu einem Mißverständnis. Grenzen setzen meint nicht, wieder auf alte autoritäre Erziehungsmaßnahmen zurückzugreifen und dem Kind mit Sprüchen zu kommen wie: »Hier bestimme ich, und du hast dich zu fügen!« Oder: »Keine Diskussion. Du tust, was ich dir sage!« Grenzen setzen heißt, einen Rahmen abzustecken, Orientierung zu ermöglichen und innerhalb dieses Rahmens so viel Freiheit zuzulassen, wie es sinnvoll und möglich ist. Aber was ist sinnvoll, und was ist möglich? Kein Wunder, daß hier die Meinungen weit auseinandergehen.

Ängstliche Eltern stecken enge Grenzen. Sie nehmen seismographisch alles auf, was ihr Kind auf der Straße, bei Freunden oder in der Schule gefährden könnte, und bauen entsprechende Schutzwälle auf, um es vor Unheil zu bewahren. Zupackendere Eltern dagegen haben weniger Schwierigkeiten, den Sohn oder die Tochter am langen Bändel laufen zu lassen. Sie machen ihrem Kind Mut, selbständig zu werden: »Wir können dich nicht schieben und lenken. Du mußt selbst lernen, mit der Welt klarzukommen!« Sie geben ihrem Kind den Spielraum und Rückhalt, den es braucht, um sich entfalten zu können, und grenzen es möglichst wenig ein.

Egal ob häufig oder selten ausgesprochen, ein Nein klingt immer unangenehm, streng und hart. Kinder finden sich damit nur ungern ab. Sie wehren sich, wenn Eltern mit Verboten kommen: »Ich

denke nicht daran, das zu tun, was ihr mir sagt!« – »Ich bestimme selbst, was ich zu tun und zu lassen habe!«
Viele Mütter und Väter haben die Nase voll von den ewigen Auseinandersetzungen, die das Familienklima belasten. Wie herrlich einfach und bequem ist es dagegen, den Laden einfach lockerer laufen zu lassen und zu beschließen: »Wir streiten uns nicht dauernd herum und verschwenden unsere Energie nicht jeden Tag aufs neue darauf, dem Sohn oder der Tochter unseren Standpunkt klarzumachen. Wir entwickeln nicht immer neue Strategien, um unsere Interessen durchzusetzen.« Manche Eltern resignieren auch – vor allem alleinerziehende Mütter und Väter fühlen sich oft überfordert, mit Erziehungsproblemen allein gelassen und ziehen sich zurück. Andere hoffen auf Unterstützung durch die Schule. Vielleicht fällt es den Lehrern ja leichter, die Kinder anzuleiten, schließlich können sie auf Schulordnung und Lehrplan pochen.

Wer Grenzen setzt, riskiert Zorn und Streit, und natürlich werden Neinsager skeptischer betrachtet als Jasager. Das heißt aber nicht, daß Neinsager weniger geliebt werden. Die Beziehung zwischen Mutter, Vater und Kind muß nicht leiden, wenn die Fetzen fliegen und nicht nur eitel Sonnenschein herrscht. Kinder haben einen klaren Blick; sie wissen genau – manchmal allerdings erst im nachhinein –, daß sie ab und an ein resolutes Nein brauchen. Je souveräner die Eltern, desto gelassener können sie Kritik und Skepsis ihrer Kinder ertragen.
Auch wenn sie noch so ungern Richtlinien vorgeben – Eltern kommen nicht darum herum, der Verantwortung für ihr Kind gerecht zu werden, und das heißt im Alltag: Ich kann als Mutter, als Vater nicht in jedem Fall die Meinung meines Kindes berücksichtigen oder immer einen Kompromiß anstreben, sondern muß manchmal einfach durchgreifen und deutlich auf Gegenkurs gehen.
Erwachsene haben immer dann eindeutig Stellung zu beziehen,

Wer Grenzen setzt, muß sich auf Auseinandersetzungen mit dem Kind gefaßt machen – anstrengend aber notwendig

Je älter die Kinder sind, desto mehr Verantwortung können sie übernehmen – oft mehr, als ihre Eltern ihnen zutrauen. Doch das entbindet die Erwachsenen nicht von elementaren Pflichten

Wer sich schwertut, Grenzen zu setzen, hat oft kein ausgeprägtes Selbstwertgefühl und Selbstbewußtsein. Er sehnt sich nach Dauerharmonie, will von allen akzeptiert werden; hat keine Traute, sich eine eigene Meinung zu bilden und diese auch zu vertreten, nötige Entscheidungen zu fällen und durchzusetzen.

Kindern fällt es schwer, auf Wünsche zu verzichten. Daß ihnen auch Grenzen gesetzt werden, wollen sie meist nicht akzeptieren

Oft haben Erwachsene ihre Probleme damit, bei einem Nein zu bleiben – vor allem wenn sie mit allem Charme gebeten werden: »Sagt bitte ja!«

wenn ein Kind noch nicht in der Lage ist, selbst die Verantwortung von A bis Z zu übernehmen, weil es ihm noch am nötigen Können und Verständnis mangelt. Neben Fragen zu Schule und Ausbildung geht es dabei vor allem um folgende Bereiche:

- *Die Sicherheit des Kindes*: Spielt der Siebenjährige auf der Straße Fußball, pfeifen die Eltern ihn zurück: »Hier fahren Autos, und zwar nicht wenige. Deshalb solltest du hier nicht spielen. Kannst du mit deinem Ball nicht zum Bolzplatz gehen?«

Alle Mütter und Väter versuchen ihr Kind vor Unheil zu bewahren, indem sie Ge- und Verbote aufstellen, beispielsweise:

Regel 1: Wenn du über die Straße gehst, mußt du erst schauen, ob ein Auto kommt!

Regel 2: Auch wenn noch so viele Erwachsene bei Rot über die Straße gehen, du wartest bitte, bis die Ampel auf Grün springt!

Regel 3: Du gehst bitte auf keinen Fall allein nach Hause, sondern wartest, bis ich dich abhole!

- *Die Gesundheit des Kindes*: Schwirrt der Achtjährige mit klitschnassen Haaren ohne Mütze bei Eiseskälte nach draußen ab, stoppen ihn die Eltern: »Du bist doch schon erkältet, deshalb solltest du aufpassen, daß du dir nicht auch noch Ohrenschmerzen einhandelst!«

Mit Hilfe von Regeln mühen sie sich auch hier, Vorsorge zu treffen, zum Beispiel:

Regel 1: Vor den Mahlzeiten werden keine Süßigkeiten gegessen.

Regel 2: Du kannst dir aussuchen, was du ißt, aber Obst und Gemüse stehen auch auf dem Speiseplan. Ganz ohne kommst du nicht aus.

Regel 3: Zähneputzen muß sein – da kommt keiner drum herum.

- *Die Rechte und Bedürfnisse anderer:* Bleibt der Zehnjährige in der Straßenbahn stur sitzen, obwohl sich ein alter Mann suchend nach einem Platz umschaut, machen Mutter oder Vater ihm Beine: »Ein älterer Mensch hat mehr Probleme beim Stehen als ein junger. Du machst ihm eine Freude, wenn du ihm deinen Platz anbietest!«

Wieder geben sie ihrem Kind einige Regeln zum Thema »soziales Verhalten« als Leitfaden mit, beispielsweise:

Regel 1: Die Nachbarn grüßen, denn ein bißchen Freundlichkeit kann jeder gut gebrauchen.

Regel 2: Du stopfst das Essen bitte nicht in dich hinein, sondern achtest auf Tischmanieren, denn einem schmatzenden Schlinger zuzuschauen ist für andere nicht erfreulich.

Regel 3: Abends bringst du bitte

deine Malsachen, mit denen du gespielt hast, in dein Zimmer, denn wir Erwachsenen haben keine Lust, in einem ungemütlichen Wohnzimmer zu sitzen.
Kinder sind nicht immer umsichtig und rücksichtsvoll. Im Gegenteil. Häufig sind sie auf ihren Vorteil aus und clever genug, ihre Interessen auch durchzusetzen. Die Wünsche anderer zählen da nicht unbedingt. Nehmen sie ihr Ich zu wichtig, müssen Mütter und Väter in der Lage sein, ihren Ansprüchen Paroli zu bieten: »Vergiß nicht, dich nach anderen umzuschauen. Deine Mitmenschen haben ebenfalls Bedürfnisse, und diese Bedürfnisse zählen so viel wie deine! Du hast nicht immer und überall Vorfahrt!« Geben Eltern keine Orientierungspunkte vor, weisen sie ihrem Kind zuviel Macht zu. Es entwickelt das Gefühl, andere um den Finger wickeln oder herumkommandieren zu können, und es lernt nicht, die Rechte anderer zu sehen und zu achten.
Versteht ein Kind, daß Ge- und Verbote nicht nur ein Ärgernis sind, sondern ihren Sinn haben, fällt es ihm schon weniger schwer, sie zu berücksichtigen. Es kann dann mehr darin sehen als ein Machtmittel der Großen. Deshalb reicht es nicht, nur Vorschriften zu machen; Eltern müssen vor allem erklären, warum sie wann und wo Grenzen setzen – auch wenn es manchmal lästig und anstrengend ist, nach Begründungen zu suchen. Ein Beispiel: »Wenn du dich kaum bewegst und immer nur vor dem Fernseher und dem Computer sitzt, dann schadet das deiner Wirbelsäule und deinen Muskeln! Deshalb möchte ich, daß du auch draußen spielst oder in einen Turnverein gehst und deinen Körper wenigstens ein bißchen trainierst. Wir können gemeinsam überlegen, was für dich in Frage kommen könnte!«
Ein Kind erlebt seine Eltern also nicht nur als liebevolle Beschützer, sondern auch fordernd und als lästige Spielverderber, die häufig gerade dann, wenn es das am wenigsten hören mag, mit ihrem Nein kommen. Sind Wünsche intensiv – und Kinderwünsche sind meist intensiv –, fällt es jedoch schwer, sie loszulassen. Die Wünsche auf später verschieben? Einfach unmöglich. Ein Kind tut einiges, um ans Ziel seiner Träume zu gelangen – da werden Hindernisse und Grenzen mit Elan überwunden. Bieten die Erwachsenen ihm jetzt Einhalt, pochen sie auf Regeln und Gebote, wird diese Haltung im ersten Überschwang der Gefühle oft vorschnell als Ablehnung empfunden: »Die Eltern haben etwas gegen mich, sonst hätten sie mir

Nicht nur Kinder brauchen Regeln zum Festhalten, Erwachsene sehnen sich manchmal auch nach einem roten Faden, an dem sie sich orientieren können

meinen Wunsch erfüllt!« Sich durch traurige Kinderaugen jetzt nicht beirren zu lassen, sondern bestimmt und konsequent zu bleiben, das ist nicht immer einfach.

Lassen sich die Erwachsenen jedoch allzu häufig durch den Charme ihres Sprößlings becircen und nehmen zurück, was sie gerade für nötig gehalten und verkündet haben, spürt das Kind, daß Mutter und Vater nicht ganz entschlossen sind oder nicht genau wissen, was sie eigentlich wollen. Es nutzt dann seine Chance und bittet weiter: »Seid doch nicht so streng ...«

Schimpfen vergiftet nur das Familienklima. Es bewirkt bestimmt keine Verhaltensänderung

Wenn es schwerfällt, konsequent zu bleiben und kindlichen Verführungskünsten zu widerstehen, ist es hilfreich, nicht nur mit den Kindern Vereinbarungen zu treffen, sondern auch selbst zu versuchen, ein paar Spielregeln zu beachten:

- Nur dann nein sagen, wenn es sein muß und ernst gemeint ist. Das Nein nicht gleich wieder in Frage stellen. Sagen Erwachsene heute »hü« und morgen »hott« oder dauernd »jein« und »ich weiß nicht«, dann setzen sie ihre Glaubwürdigkeit aufs Spiel. Für ein Kind erhöht sich damit der Reiz auszuprobieren, woran es ist.
- *Vorher* überlegen, was zu tun ist, wenn sich der Sohn oder die Tochter nicht an vereinbarte Spielregeln hält und gar nicht daran denkt, die vorgegebenen Grenzen zu respektieren. Ziehen die Eltern an einem Strang, sind sie doppelt glaubwürdig (s. S. 35).
- Nicht lang und breit auf den Missetäter einreden. Monologe anzuhören ist langweilig. Dieses dauernde »Du weißt genau, daß du nicht ...!« und »Wir haben verabredet, daß ...« nervt. Da verkriechen sich schon Vierjährige in sich selbst und denken: »Laß sie doch reden. Ich bin gar nicht da!« Hat das Kind dazu noch ein schlechtes Gewissen, hört es erst recht nicht zu.
- Keinen Machtkampf anzetteln – was oft genug aus Hilflosigkeit geschieht. Nicht mit alten Sprüchen auftrumpfen wie: »Wir wollen doch mal sehen, wer am längeren Hebel sitzt!« Kinder haben bei Machtkämpfen einen langen Atem: plärren, brüllen, kreischen und trödeln, was das Zeug hält – da können und wollen Erwachsene nicht mithalten.
- Nicht die Beherrschung verlieren. Hält sich ein Kind partout nicht an die vereinbarten Regeln, geschieht, was die meisten Eltern – vor allem wenn sie erschöpft oder überlastet sind – nicht wollen: Ihre Sicherung knallt durch; sie zetern und schimpfen lautstark, und das schon bei Kleinigkeiten. Ändern läßt sich durch diesen Ausbruch jedoch nichts. Der ein-

Ruhig, gelassen, verständnisvoll auf Konflikte reagieren – wenn das nur so einfach wäre!

zige Vorteil: Der Ärger verpufft. Man hat Dampf abgelassen.

- Nicht mit Drohungen und Strafen kommen, zum Beispiel dem Elfjährigen nicht Fernsehverbot ankündigen, wenn er abends erst gegen acht zu Hause auftaucht, statt um sechs Uhr wie verabredet, oder der Sechsjährigen Hausarrest verordnen, weil sie den Turnbeutel samt Turnschuhen verloren hat. Denn was hat das Fernsehen mit Unpünktlichkeit zu tun und was der verlorene Turnbeutel mit Hausarrest? Weil sich kein Zusammenhang ergibt, kann ein Kind den Sinn solcher Strafen nicht einsehen. Statt Einsicht bewirken sie höchstens Trotz und Bockigkeit. Nachvollziehbarer ist, wenn die Strafe in Zusammenhang mit der vorangegangenen »Missetat« steht. Willkürliche Strafen haben meist zur Folge, daß ein Kind sein Verhalten aus Angst ändert und nicht etwa aus Einsicht (s. Seite 37).

Natürlich gelingt es den wenigsten

Wenn überhaupt Strafen, dann solche, die in Zusammenhang mit der »Missetat« zu sehen sind

Es wäre zuviel verlangt, daß sich Mütter und Väter immer perfekt unter Kontrolle haben

Angst als Erziehungsmittel – bitte nicht wieder damit anfangen. Kinder sollen frei und offen sein und sich nicht vor den Erwachsenen ducken müssen, weil sie fürchten, bestraft zu werden.

Eltern, sich bilderbuchgerecht zu verhalten. Immer wieder machen sie die Fehler, die sie so gern vermeiden würden. Und das ist ganz normal, denn Mütter und Väter sind auch nur Menschen. So wird es ihnen nicht immer gelingen, konsequent bei der Linie zu bleiben, für die sie sich entschieden haben. Mütter und Väter sind nicht perfekt und müssen es auch nicht sein. Im Gegenteil. Kommen sie auch mal ins Trudeln, kann das für Kinder sehr tröstlich sein: »Zum Glück sind sie nicht super in allem. Oft sind sie hilflos – genau wie ich!« (s. Seite 35).

V. Grenzen setzen – aber wie?

Manche Eltern haben die Hoffnung längst aufgegeben, ihre Kinder irgendwann zur Vernunft zu bringen

Es ist wichtig, daß Kinder sich gegen Grenzen auflehnen und sich nicht wie angepaßte Erwachsene benehmen

Kindern die absolut richtigen Grenzen zu setzen, und das im idealen Moment und passenden Ton: bestimmt und doch freundlich, das glückt sogar den erfahrensten Eltern nicht immer. Selbst sie irren sich, sind mal inkonsequent, mal irrational oder schlicht überfordert. Sie verlieren die Fassung und brüllen einfach los: »Wenn du nicht endlich …!«

Am ehesten scheitern sie an jenen scheinbar hoffnungslos eingefahrenen, aber um so explosiveren Alltagskonflikten, die bereits zum festen Repertoire des Familienlebens gehören: den Dramen bei Tisch, beim Zubettgehen oder Aufstehen, bei den Hausaufgaben, im Supermarkt. »Alles« haben die Eltern schon probiert – »vernünftig« reden, schimpfen, bitten, drohen, verbieten –, aber nichts hat genutzt. Das Kind hat längst seine Ohren auf Durchzug gestellt. Die Eltern mögen weiter lautstark zur Ordnung rufen – eigentlich glauben sie selbst nicht daran, das geringste verändern zu können. Ihr Kind spürt das, und Chaos breitet sich aus.

Aber ein Kind hat enorm viel davon, nicht wohlerzogen, brav und gehorsam zu sein. Nur wenn es die Eltern reizt und sich auch mal richtig schlecht benimmt, erlebt es, was es kann und wie die Erwachsenen auf sein Verhalten reagieren. Es erfährt also, wo es steht, lernt die Reaktionen anderer vorauszusehen und sein eigenes Verhalten einzuordnen – um es daraufhin vielleicht zu verändern. Aber nur wenn es spürt: »Halt, damit komme ich nicht weiter!«

Vom Standpunkt des Kindes aus ist es also überaus wichtig, verschiedenste, auch »unerwünschte« Verhaltensweisen zu erproben, um sich und seine Umwelt kennenzulernen. Und wenn Eltern zunächst einmal akzeptieren, daß Nichtbravsein und Nichtgehorchen völlig normal, ja sogar positiv sind, entkrampft sich die Situation. Es fällt dann auch leichter, auf Vorwürfe und Anschuldigungen zu verzichten. Sehr oft verzerren die Deutungen von Eltern das Problem; in ihrem Zorn sehen sie die »Missetaten« ihres Kindes als reine Bosheit an, nur dazu angetan, sie zu verärgern. Also gilt es, die Konflikte mit neuen Augen zu betrachten – um sie anders anzupacken.

Der erste Schritt: Das Problem mit Abstand anschauen, um das Störverhalten des Kindes besser zu verstehen. Es wirkt Wunder, wenn Eltern sich in ihr Kind hineinversetzen: Auf einmal wird ihnen klar, was es im Sinn hat. Das heißt allerdings nicht, daß Vater oder Mutter ihr Kind in einer Art Verhör ausquetschen – denn auf ein bohrendes »Warum?« oder eine Frage wie: »Was hast du dir nur dabei gedacht?« wissen Kinder keine Antwort. Sie fühlen sich bloß in die Enge getrieben und völlig überfordert.

- Eltern sollten statt dessen auch in sich selbst hineinhorchen und überlegen: »Wie gut kenne ich mein Kind? Was geht in ihm vor? Was ist ihm wichtig, und was bewegt oder beunruhigt es gerade am meisten?« Selbst wenn sein störendes Verhalten dem anderer Kinder ähnelt, so können doch ganz individuelle Gründe dahinterstecken. Die Individualität des Kindes zu respektieren ist ein wichtiger Schlüssel zu seinem Verhalten.
- Eltern sollten zudem eine Antwort auf die Frage suchen: »Was hat mein Kind davon, in dieser bestimmten Situation zu provozieren, nicht zu gehorchen oder gegen Regeln und Abmachungen zu verstoßen – also Grenzen zu verletzen? Was will es überhaupt?«
- Eltern tun gut daran, ihren eigenen Ärger zu erforschen: Warum sind sie über das Verhalten ihres Kindes so empört? Was stört sie besonders? Und welche Rolle spielt ihre eigene Erziehung? Die Abhängigkeit von Vorstellungen aus der eigenen Kindheit – »Das tut man nicht«, »Das gehört sich so« – oder das kritische Urteil von Freunden und Verwandten verstellt oft den Blick auf die Frage: »Was will ich selbst, für mich und für mein Kind?«
- Eltern dürfen sich unterschiedliche Ansichten zugestehen. Nicht immer haben Väter und Mütter die gleichen Vorstellungen von dem, wie sich Kinder verhalten sollen und wie man sie dazu bringt. Eltern sind schließlich zwei unterschiedlich erzogene und geformte Individuen – warum sollten sie also immer einer Meinung sein? Kinder kommen gut damit zurecht, daß der Vater viele Dinge ganz anders beurteilt und macht als die Mutter, daß es bei ihm eher dies darf, bei ihr dafür jenes. Entscheidend ist nur, daß Eltern die Erziehungsvorstellungen des anderen nicht abwerten, sondern

Bevor ein Problem gelöst werden kann, gilt es zu erkennen: Was steckt dahinter? Worum geht es jedem Beteiligten?

Eltern dürfen ruhig unterschiedlicher Meinung sein – wenn sie einander respektieren

Geschickte, einfühlsame Fragen an das Kind klären häufig das Problem

respektieren, daß sie sich nicht von den Kindern gegeneinander ausspielen lassen und daß sie auf jeden Fall an einem Strang ziehen, wenn – nach ausgiebigen Gesprächen – bestimmte Regeln vereinbart worden sind. Sonst werden die Kinder immer wieder versuchen, die Grenzen zu unterlaufen.

Der zweite Schritt: Eine ruhige Stunde abwarten, wenn alle Beteiligten wirklich Zeit füreinander haben, um mit dem Kind zu reden. Wichtig ist, daß Eltern (oder auch nur ein Elternteil)

- von sich sprechen, von ihrem persönlichen Anliegen und ihrem eigenen Standpunkt: »So geht es mir dabei …«, »Ich möchte etwas ändern …«, »Mich stört …«. Hohle Allgemeinplätze wie »Wir haben dir doch schon hundertmal gesagt …« treiben ein Kind bloß in die Defensive. Auch ist es sinnlos, automatisch Wohlverhalten zu erwarten – das Kind muß genau wissen, was die Eltern von ihm wollen;
- auch dem Kind die Chance geben, über sich zu reden, ohne daß es kritisiert oder verbessert wird. Andernfalls gerät es unter Rechtfertigungsdruck, flüchtet sich in Ausreden oder reagiert mit Trotz und Schweigen. Da Eltern vermutlich schon ahnen, was ihr Kind bewegt, können sie ihm jedoch auf die Sprünge helfen: »Kann es sein, daß du …?« Oder: »Vielleicht geht es dir darum …« Tippen die Eltern richtig, fühlt sich das Kind auf einmal rundherum verstanden und ist dann meist aufgeschlossen und mitteilsam. Und noch etwas: Selbst wenn es die wahren Gründe für sein Verhalten nicht weiß und nicht nennen kann, erfahren Eltern gerade aufgrund der ungereimten Aussagen sehr viel über ihr Kind;
- gemeinsam mit dem Kind überlegen: »Was können wir tun, damit sich die Situation verändert? Was schlägst du vor?« Die Eltern haben zwar das letzte Wort, doch warum sollen Kinder, etwa ab Schulalter, nicht auch an der Lösung des Problems mitwirken? Dann sind sie am ehesten bereit, Abmachungen einzuhalten. Denn sie haben die aufbauende Erfahrung gemacht: »Was ich vorschlage, zählt auch.« Entscheidend ist: Die Regeln müssen stimmen. Sie sollten überschaubar, realistisch und durchführbar sein und zudem der speziellen Familiensituation entsprechen. Kinder sind nur in der Lage, Bestimmungen zu respektieren und sich auf Regeln einzulassen, wenn sie zum Familienalltag gehören. Vor allem in Beziehungen üben Kinder, Grenzen zu testen – und einzuhalten. Wobei sich in einer Familie natürlich nur etwas ändert, wenn die

beschlossenen Abmachungen von den Eltern in eindeutiger Weise getragen werden: Ist vereinbart, daß das Kind abends um acht ins Bett geht und dann noch eine halbe Stunde in seinem Zimmer spielen darf, ist diese Regel nicht vage und unverbindlich, sondern verpflichtend. Sonst bleibt alles beim alten. Das bedeutet: Zur Regel gehören auch die Folgen, wenn die Abmachung nicht eingehalten wird.

Der dritte Schritt: Unbedingt konsequent bleiben, wenn die Kinder trotz fester Vereinbarungen die Regeln immer wieder verletzen oder Sonderwünsche erbetteln. Auf den Abmachungen und den Folgen bei Nichteinhaltung bestehen. Sicher, viele Regeln erweisen sich in der Praxis als änderungsbedürftig. Doch es empfiehlt sich, sie erst einmal einige Wochen zu erproben. Eltern, die sofort weich werden und sich »rumkriegen« lassen, werden nicht ernst genommen. Und Geduld haben! Neue Regeln funktionieren nicht auf Anhieb; es braucht Zeit, bis sie eingespielt sind. Kinder lernen durch Versuch und Irrtum, durch Experimente und Fehler – viele Fehler! –, bis sie kapieren: Auf Dauer bringt es mehr, die Grenze zu respektieren, als sie zu mißachten. Folgende Punkte helfen Eltern beim Grenzensetzen:

- Nicht immer wieder neu mit den Kindern verhandeln und sich auf Diskussionen einlassen, sondern kurz auf die Abmachung verweisen: »Das ist vereinbart, dabei bleibt es!« Also eine klare, eindeutige Haltung einnehmen. Das verschafft Glaubwürdigkeit; langatmige Erklärungen und Moralpredigten prallen an Kindern ab.
- Berechenbar und zuverlässig sein. Es fällt Kindern leichter, Grenzen einzuhalten, wenn sie die Reaktionen ihrer Eltern voraussehen können und wissen, woran sie sind.
- Auf Strafen möglichst verzichten (s. Seite 31). Die Angst vor Strafen bringt Kinder dazu, Lügen zu erfinden und ständig nach Ausflüchten zu suchen. Strafen sind erniedrigend und zeigen den Kindern: Die Eltern kosten ihre Macht aus, aber eigentlich sind sie hilflos. Im übrigen nutzen Strafen meist nur kurzfristig, auf Dauer verfallen Kinder auf Tricks und Heimlichkeiten. Die Beziehung zu den Eltern hat dann kaum noch eine Chance, offen und freundschaftlich zu sein.
- Möglichst nicht drohen oder Vorhaltungen und Vorwürfe machen, wenn das Kind gegen Regeln verstößt, denn dadurch ändert es sein Verhalten nicht, es fühlt sich eher in die Enge getrieben und verschließt sich. Eltern

Nur wenn die Eltern Konsequenz beweisen, lernt ihr Kind, was es tun und was es lassen soll

Sind Eltern zuverlässig und berechenbar, fällt es Kindern leichter, sich auch an Abmachungen zu halten

Auf Dauer ent- decken Kinder, daß es sich lohnt, Grenzen zu respektieren

finden im Schimpfen zwar ein Ventil für ihren Zorn und ihre Enttäuschung, aber letztendlich haben sie nichts im Griff – weder sich noch das Problem. Besser ist es, eisern und unverdrossen auf den vereinbarten Grenzen zu bestehen. Eltern ahnen gar nicht, wieviel Respekt sie sich dadurch verschaffen.

◗ Mit konsequenten Maßnahmen reagieren, wenn das Kind die vereinbarten Abmachungen nicht einhält. Diese Maßnahmen sollten sich möglichst schlüssig und einleuchtend aus der Situation ergeben: Das Kind, das die Wand bekritzelt, darf erst spielen, wenn es die Bemalungen entfernt hat. Das ist keine willkürliche Strafe, das ist die logische Antwort auf seine »Missetat«. Sie zeigt ihm, wie weit es gehen darf. Am besten ist es, die Folgen bei Nichteinhaltung zur gleichen Zeit wie die Regeln zu vereinbaren: Das Kind muß wissen, welche Konsequenzen sein Verhalten hat. Dann wird es abends doch ganz schnell in sein Bett flitzen, damit das Vorlesen nicht entfällt. Und sich morgens mehr beeilen, da die Eltern aufgehört haben, es in die Schule zu fahren, wenn es schon wieder zu spät dran ist. Sehr wichtig: Solange nur die Eltern mit einem bestimmten Verhalten ihres Kindes ein Problem haben, ändert sich gar nichts. Dem Kind muß klar werden: »Das ist zwar in erster Linie ihr Problem, aber auch meines.« Und irgendwann entdecken sie, daß das Zusammenleben viel schöner ist, wenn man sich an vereinbarte Regeln hält.

Echtes Lob und Anerkennung können bei Kindern Wunder bewirken

◗ Das Loben nicht vergessen! Selbst kleinste Bemühungen in die richtige Richtung verdienen Anerkennung. Im übrigen sind Ermunterung, Beachtung und eine liebevolle Familienatmosphäre auf Dauer viel effektiver als Schimpfen und Strafen. Aber Vorsicht: Lob wirkt nur, wenn die Eltern es ehrlich meinen. Wird das Kind mit lobenden Worten regelrecht überschüttet oder aber ist das Lob nur so dahingesagt, spürt es das fehlende Interesse sofort. Bei nächster Gelegenheit nervt es die Eltern mehr denn je – so ist ihm ihre volle Aufmerksamkeit sicher.

Wenn Kinder keine Grenzen erfahren

Wird ein Kind nur nach Strich und Faden verwöhnt, wächst es wahrscheinlich zu einem unausstehlichen Quälgeist heran, der bei jeder Gelegenheit versucht, seinen Kopf durchzusetzen – nach lange eingeübtem, gewohntem Muster. Ein Nein ist ihm fremd und wird deshalb auch nicht hingenommen. Immer im Mittelpunkt stehend und nur mit sich selbst und den eigenen Bedürfnissen beschäftigt, bringt es kein Interesse für andere Menschen und deren Belange auf. Wer jede Lust befriedigt und jeden Wunsch erfüllt bekommt, lernt nicht, Frust zu ertragen.

Doch nicht jedes Kind, das keine Grenzen erfährt, entwickelt sich zu einem Ansprüche stellenden, ewig fordernden Wesen. So manches Kind zieht sich in dieser Situation still und leise zurück und puppt sich ein. Es gibt sich also selbst den Orientierungsrahmen, den ihm seine Eltern vorenthalten, und fühlt sich dadurch nicht ganz so grenzenlos verloren und einsam in einer Umwelt, die ihm keiner erklärt.

Weil zu Hause keine Regeln und Grenzen ausgehandelt werden, die man in Frage stellen und übertreten könnte, finden auch entsprechende Reibereien nicht statt. Die Folge: Eltern und Nachwuchs leben brav nebeneinander her. Keine Chance für das Kind, sich in Machtkämpfen zu üben, um dann mit der Zeit klüger zu werden und zu erkennen, daß solche Scharmützel nichts bringen. Um mit wachsender Vernunft zu kapieren,

Bei Auseinandersetzungen sammeln Kinder wichtige Erfahrungen

Mangelt es an Halt und fruchtbaren Auseinandersetzungen, fühlt sich ein Kind schnell überfordert. Ein Sechs-, Acht- oder Zehnjähriges kann nichts damit anfangen, wenn ihm alle Freiheit der Welt gelassen wird und sich niemand über seine Unverschämtheiten und Frechheiten erregt, wenn keiner Stellung bezieht und keiner verbindliche Antworten gibt.

Spielt ein Kind zu Hause den King und tyrannisiert die ganze Familie, kann das heißen: »Warum laßt ihr zu, daß ich euch nerve? Warum leistet ihr keinen Widerstand?«

daß dieser Spaß auch mal ein Ende haben muß. Die Folge: Wichtige Lebenserfahrungen und Erfolgserlebnisse unterbleiben.

Erfahren Kinder keine Grenzen, ergeben sich daraus häufig die Verhaltensprobleme, die Eltern fürchten: Lustlos verbringen die Kinder ihre Tage, tyrannisieren ihre Umwelt mit Launen, benehmen sich so respektlos, daß sie überall anecken, oder verkriechen sich traurig in sich selbst. Die Provokationen des Kindes sind ein Hilfeschrei, der heißt: »Laßt euch doch nicht von mir auf der Nase herumtanzen. Zeigt mir, daß ihr mich versteht. Daß ihr nicht sofort die Waffen streckt, wenn ich euch attackiere. Daß ihr stark und klug seid – so stark und klug, daß ich mich bei euch sicher und angenommen fühlen kann und keine Angst mehr haben muß!«

VI. Konsequent sein: 21 Beispiele

Wenn die Kleinsten kratzen, beißen und losschlagen

Auf andere Kinder loszugehen kann einen Heidenspaß bereiten, der immer für Aufregung sorgt

Da gibt es niedliche Zweijährige, die friedlich im Sandkasten buddeln und plötzlich, ohne ersichtlichen Grund, dem nächstbesten Kind die Schaufel auf den Kopf knallen. Oder ein anderes einfach auf den Boden werfen und kurz darauf kräftig an den Haaren ziehen. Warum bloß? Die Eltern fallen aus allen Wolken; die Sache ist ihnen peinlich und etwas unheimlich.

Manchmal schauen die Eltern einfach weg, wenn ihr kleiner Liebling einem anderen Kind das Spielzeug unsanft aus der Hand reißt – soll es sich doch wehren. Aber meistens kommen sie angesprungen, reden auf den Raufbold ein und erklären ihm, wie schlimm er sich benimmt. Indes – die elterlichen Argumente, ihre Bestürzung und ihr Zorn bewirken rein gar nichts. Im Gegenteil – normalerweise spornt die Aufregung das Kind sogar noch zusätzlich an.

Was ist los mit diesen kampflustigen Knirpsen?

Oftmals treibt sie nichts als Neugier und Experimentierlust an. Sie sind weder »böse« noch übermäßig aggressiv, sondern meist völlig normale Kleinkinder, die alles ausprobieren. So wie sie ihre Umgebung erkunden, die Schubladen ausräumen oder die Blätter von der Zimmerpflanze abrupfen, so erforschen sie, wozu ihre Hände, Füße oder Zähne noch alles taugen, und entdecken auf einmal: Man kann damit auch fabelhaft kneifen, treten und beißen. Gleichzeitig erkunden sie dabei die Reaktionen der großen und kleinen Menschen um sie herum: Was bewirkt mein Verhalten? Was passiert, wenn ich auf ein anderes Kind losgehe, weil ich Lust dazu habe? – Dann gibt es großen Wirbel: Das Opfer heult, die Erwachsenen regen sich auf und bekommen rote Köpfe – was will das Kind mehr? Es zieht die Aufmerksamkeit aller auf sich. Da ist was los, das ist spannend, also weiter so.

Was tun?

- Eingreifen, aber möglichst ruhig und gelassen. Selbst wenn das Kleinkind nur testet und experimentiert, ist es wichtig, eine Grenze zu setzen, damit dieses Verhalten nicht zur Gewohnheit wird. Der Erwachsene muß prompt und immer wieder signalisieren: »Stop, auf andere losgehen ist unerwünscht.« Denn Zwei- und auch Dreijährige sind noch nicht in der Lage, ihre Konflikte untereinander allein auszumachen. Sie brauchen unbedingt die Anleitung der Erwachsenen, um es zu lernen.

◗ Souveränität und stoische Ruhe sind besonders wirksam. Maßnahmen wie gutes Zureden (»Das Kind hat dir doch nichts getan, also sei lieb, und vertragt euch«), Drohungen (»Hör sofort auf, sonst gehen wir nie wieder auf den Spielplatz«) oder Klapse bewirken wenig.

◗ Am besten hilft, das kleine Kind gleich abzulenken, wenn die Situation brenzlig wird. Oder, wenn es dafür zu spät ist, den »Angreifer«, ohne zu schimpfen, an die Hand zu nehmen und vom »Kampfplatz« zu holen – also die Situation zu unterbrechen. Das Kind bleibt dann einige Minuten bei den Erwachsenen, bis es wieder zu den anderen darf. Diese »Auszeit« dient dazu, ihm klarzumachen: »Gehst du auf andere los, trennen wir dich von ihnen.« Dabei genügt es, ruhig und be-

Langes Gerede und bemühte Erklärungen sind völlig wirkungslos, um einen kleinen Rabauken in Schach zu halten

Eine »Auszeit« gibt dem Kind Orientierung. Sie läßt es spüren, was richtig und was falsch ist

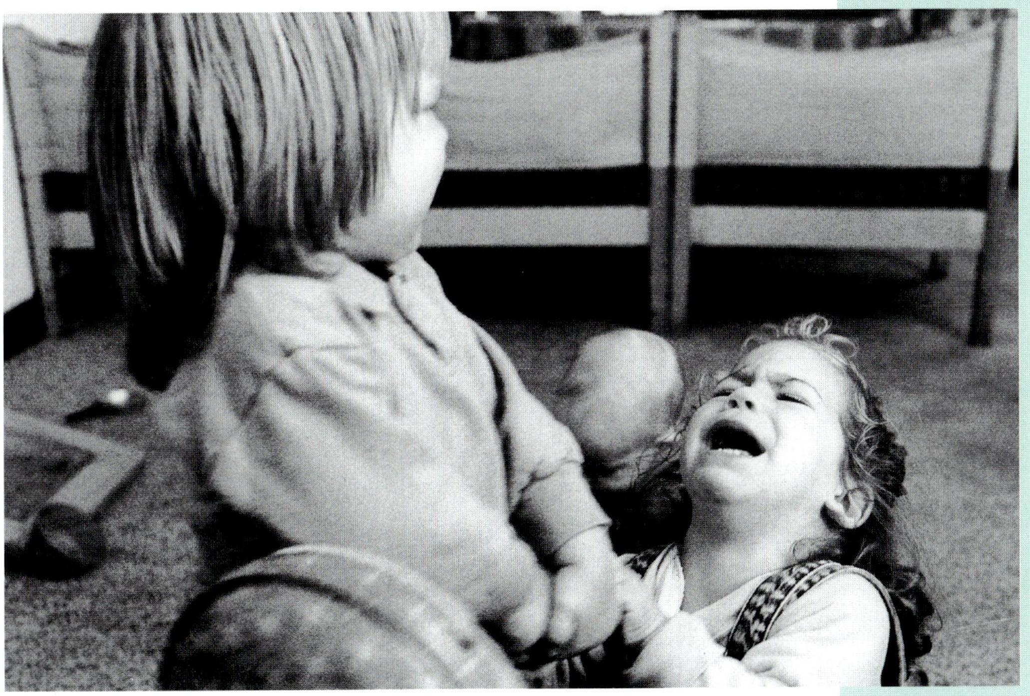

Wenn Eltern nicht merken, daß sie getestet werden, reagieren sie oft völlig falsch

stimmt zu sagen: »Ich möchte nicht, daß du andere haust. Es tut ihnen weh.« Wichtig: Konsequent bleiben, durchhalten. Es kann zwei, drei Wochen dauern, bis die Angriffslust des Kindes aufhört.

- Das Kind eventuell eine Zeitlang mit etwas älteren Kindern zusammenbringen. Diese leben beziehungsweise spielen ihm vor, wie man auch ohne ständige Handgreiflichkeiten auskommen kann, und flößen dem kleinen Rabauken außerdem Respekt ein.
- In jedem Fall darauf achten, ob das Kind wirklich nur von Abenteuerlust getrieben wird oder ob es nicht doch die Eltern »wachrütteln« will: aus Eifersucht auf das kleinere Geschwisterchen, weil Vater und Mutter sich häufig streiten oder einfach nur als Reaktion auf die Hilflosigkeit seiner überforderten Eltern, die mit ihrem wilden Zwerg nicht fertig werden. Dann braucht das Kind zum einen die oben erläuterten Grenzen, zum anderen intensive Zuwendung.

Es wäre gut, dem Kind eine bestimmte Zeit am Tag einzuräumen, in der Mutter oder Vater sich eingehend mit ihm beschäftigen – einen Zeitraum, auf den es sich freuen kann, weil es regelmäßig eingehalten wird. Das beruhigt, gibt dem Kind Sicherheit und das Gefühl, für seine Eltern »wichtig« zu sein.

Bitte kein Drama aus den Mahlzeiten machen

Die Mutter weiß schon, was kommt. Dennoch sagt sie das, was mit absoluter Sicherheit sofort einen Riesenspektakel auslöst: »Nein! Den Pudding gibt es jetzt auf keinen Fall. Den gibt es nach den Kartoffeln und nicht vorher!« Und schon geschieht, was sie befürchtet hat: Der Zweijährige holt tief Luft, schreit nach Kräften, trommelt mit den Fäusten auf den Tisch, fegt den Teller zur Seite und kreischt: »Ich will aber!«

»Ich will« – zwei magische Wörter für kleine Leute. Zwischen dem zweiten und dritten Geburtstag entdeckt ein Kind, daß es eigene Bedürfnisse hat und alle Kraft der Welt, um diese Wünsche auch durchzudrücken. Bittere erste Erfahrungen heißen: Die Kraft reicht doch nicht, denn es tun sich Grenzen auf. Kein Wunder, daß es zornig macht, an diesen Grenzen zu scheitern. Es ist zum Verzweifeln und tut weh, die eigene Ohnmacht zu spüren.

Je temperamentvoller das Zwei- oder Dreijährige, desto intensiver der Wutanfall. Klar, daß einem zornigen Wüterich jetzt nicht nach langen Erklärungen und Ermahnungen zumute ist. Das macht höchstens noch zorniger. Was dann?

- Trösten. Aber nicht jeder Dickkopf mag jetzt gleich getröstet werden. Mancher will sich in Ruhe austoben und sich erst ein Weilchen später in den Arm nehmen lassen in der Gewißheit: »Auch wenn ich noch so bockig bin, haben mich meine Eltern lieb.«
- Sich in innerer Gelassenheit üben, also nicht anstecken lassen von der Wut, sondern unhörbar vor sich hin murmeln: »Nicht über die Puddinggeschichte aufregen. Bloß nicht schwach werden. Dieses Gezeter geht vorüber!« Die Wutanfälle lassen in der Regel nach, wenn das Kind in seiner Entwicklung einen Schritt weiter ist; wenn es selbständiger und einsichtiger geworden ist und die Eltern nicht länger für alles und jedes braucht; wenn es im Kindergarten häufiger seine eigenen Wege geht, also mehr Spielraum hat und mehr eigene Entscheidungen fällen kann.

Zwei-, Dreijährige entdecken ihr Ich. Sie merken, daß sie eigene Wünsche haben – und daß diese Wünsche nicht immer erfüllt werden. Ein Grund für sie, in Wut und Verzweiflung zu geraten

Weil sie sich für die Gesundheit verantwortlich fühlen, reglementieren Eltern ihr Kind häufig bei den Mahlzeiten. Die Folge: Es verliert die Lust und Freude am Essen

- Den eigenen Frust sehen und drei tiefe Atemzüge machen, um ihn loszulassen. Nicht zu intensiv um das Kind und seine gesunde Ernährung bangen.
- Kurz und bündig erklären, warum die Puddingregel ihren Sinn hat: »Dein Körper braucht Gemüse, um sich gut zu entwickeln. Deshalb habe ich gekocht. Wenn du ein paar Happen Kartoffeln oder Gemüse ißt, gibt's hinterher den Pudding. Wenn du kein Gemüse und keine Kartoffeln ißt, gibt's auch keinen Nachtisch. Denn nur Süßes zu essen, das ist nicht gut für deinen Körper!«
- Nicht dauernd über das Thema »Essen« reden. Dem Kind weitgehend selbst überlassen, was es essen mag und was nicht. Sich auf ein paar wesentliche Regeln beschränken. Denn je mehr Gebote in der Familie gelten, desto häufiger wird das Kind die einzelnen Abmachungen in Frage stellen, weil es sich eingeengt fühlt.
- Nicht bei heftigen Wutanfällen, aber bei kleineren Scharmützeln wirkt Ablenkung oft Wunder. So läßt sich mancher »Puddingkonflikt« dadurch umschiffen, daß man schnell das Thema wechselt, beispielsweise gemeinsam den Nachmittag plant, Fragen stellt oder eine spannende Geschichte erzählt: »Wir waren schon lange nicht mehr im Schwimmbad! Wollen wir demnächst mal wieder zum Baden gehen?« Oder: »Gestern habe ich ein großes Aquarium gesehen mit rosa gestreiften Fischen, die ihre Jungen im Maul tragen, wenn sie umherschwimmen!«
- Oder die Situation einfach verändern: Das Kind auf den Arm nehmen und den Ort des Geschehens verlassen. Damit ist erst einmal ein Schlußstrich gezogen, der Konflikt vorläufig beendet.

Ein Alptraum: Mitten im Supermarkt das größte Affentheater

Was tun, wenn trotzige Kinder vor Wut um sich schlagen?

Der Dreijährige steht im Supermarkt vor dem Regal mit den Süßigkeiten – eine verlockende Pracht. Der Knirps grapscht prompt nach einem Schokoriegel. Seine Mutter hat nichts im Sinn mit dieser Extraration Schokolade. Sie nimmt ihrem Sohn den Riegel wieder aus der Hand und legt ihn zurück ins Regal. Ihr Filius hält diesen Eingriff für eine Zumutung und zeigt seine Empörung überdeutlich: Er denkt gar nicht daran, dieses Nein klaglos hinzunehmen. Daß er im Supermarkt nicht einfach Süßigkeiten aus dem Regal holen und in den Einkaufswagen packen darf, weiß der Dreijährige. Das hat ihm seine Mutter schon häufiger erklärt. Er weiß aber auch, daß man solche Gebote überprüfen kann. Wütend wie Rumpelstilzchen hüpft er nun durch den Supermarkt, läßt sich weder durch gute Worte noch durch ein energisches Nein stoppen. Im Gegenteil. Er steigert sich in seinen Zorn hinein, brüllt wie am Spieß: »Ich will aber!« und schlägt wüst um sich. Gutes Zureden hilft nicht weiter, der Kleine findet aus seinem Wutanfall allein nicht mehr heraus.

Was tun?

- Abstand gewinnen. In Gedanken einen Meter neben die Szene treten und aus der Distanz betrachten, was sich hier eigentlich im Augenblick abspielt. Diese Atempause hilft, mehr Gelassenheit zu entwickeln und klarer zu sehen. Zum Beispiel zu erkennen, wie schnell eine Mutter in ihrer Verzweiflung vergißt, daß solch ein kleines Kind seine Wünsche eben noch nicht perfekt regulieren kann, sondern seinen Trieben ganz ausgeliefert ist. Und dieser Trieb heißt bei dem Rumpelstilzchen im Supermarkt im Augenblick: »Ich will Schokolade und sonst gar nichts!« Ein kleines Kind ist durchdrungen von Gefühlen – von »guten« und von »bösen« – und kann sie noch nicht kontrollieren, sich also noch nicht zusammenreißen oder vernünftig sein.
- Möglichst wenig auf die mitleidigen bis verständnislosen und ablehnenden Blicke der Miteinkäufer achten. Sich nicht irritieren oder in Diskussionen verwickeln

Strikt eine klare Linie verfolgen und sich weder durch die prüfenden Blicke neugieriger Zuschauer noch durch das vor Zorn brüllende Kind verunsichern lassen

lassen, sondern den Blick auf das kreischende und tobende Bündel am Boden richten (leichter gesagt als getan). Doch um den Sprößling geht's. Die Frage heißt: »Wie beruhige ich mein Kind?« und nicht: »Wie mache ich es sämtlichen Miterziehern recht?«

- Dem Füßestrampler nicht mit Drohungen kommen, die doch nicht eingehalten werden, wie: »Wenn du nicht sofort aufhörst, darfst du am Wochenende nicht mitfahren, wenn wir die Oma besuchen!« Jedes Kleinkind weiß längst, daß solche Drohungen reines Wortgeklingel sind. Statt dessen: tief durchatmen, die eigene Aufgeregtheit bekämpfen, alle Kräfte darauf konzentrieren, eine Bärenruhe auszustrahlen. (Leider sind einkaufende Mütter von Kleinkindern keine starken Bären, und deshalb hält sich ihre Fähigkeit, in Streßsituationen Ruhe zu bewahren, meist in Grenzen.)
- Schwierig ist, die Lösung des Problems gleich parat zu haben. Sinnvoller: sich nicht noch zusätzlich selbst unter Druck setzen, sondern lässiger reagieren. Nicht jede Entscheidung muß bis ins letzte durchdacht sein. Der Tortur schnell ein Ende zu machen ist manchmal wichtiger als perfektes Handeln.
- Einen Machtkampf vermeiden, jetzt kein Exempel statuieren wollen. Das Gelassenbleiben erfordert einige Konzentration, denn entnervte Eltern greifen in ihrer Hilflosigkeit und Unsicherheit schnell auf alte, eingefahrene, aber untaugliche Erziehungsmuster zurück und kommen ihren Kindern wieder mit Reizsprüchen wie: »Du tust sofort, was ich sage!« Lieber nicht darauf zurückgreifen, denn zum Büttel läßt sich keiner gern machen. Kein Wunder, daß ein echter Trotzkopf dann erst recht losbrüllt.
- Konsequent bleiben. Also nicht dem Kind erst den Schokoriegel vorenthalten und ihm dann, nachdem es vor Wut ordentlich gekreischt und getobt hat, den Riegel doch kaufen – damit endlich Ruhe ist. So kommt eine falsche Botschaft an: »Wenn ich ein Riesentamtam veranstalte, kuschen die Erwachsenen vor mir, weil sie das Theater nicht aushalten, und schon bin ich am Ziel meiner Wünsche.«
- Dem zornigen Kerlchen kurz und knapp bedeuten, daß die vielgepriesene elterliche Großzügigkeit auch ihre Grenzen hat: »Nein, du bekommst jetzt keinen Schokoriegel!« Kein langes Palaver beginnen, selbst wenn die Versuchung groß ist, es einem brüllenden Dreijährigen mit gleicher Münze heimzuzahlen und mitzuplärren.
- Den Strampler dann kurzer-

hand vom Boden aufklauben, unter den Arm klemmen und mit dem Bündel Richtung Ausgang streben. Nicht schimpfen, sondern möglichst sachlich bleiben: »Das Einkaufen erledigen wir später!«

- Draußen, fernab von Schokoriegeln und Gummibärchen, den schluchzenden und verzweifelten Knirps erst einmal von seinem Kummer und seiner Wut ablenken. Die Tränen abtupfen und dabei das Taschentuch Kunststücke vorführen lassen. Oder ein besonders schickes Auto auf dem Parkplatz vor dem Supermarkt ausgucken und näher betrachten.
- Viel später auf das Supermarktabenteuer zurückkommen und das Thema »Schokoriegel« noch einmal gründlich besprechen. Geduldig erklären, warum es bei den täglichen Einkaufsrunden nicht immer eine Extraportion Süßigkeiten geben kann. Auf Alternativen hinweisen – etwa auf Betthupferl, die es abends vorm Zähneputzen gibt.

Geraten kleine Kinder in Zorn, brauchen sie Halt und Hilfe, um aus dem Wutanfall wieder herauszufinden. Das beste aller Heilmittel: Ablenkung

Wenn aus Kindern kleine Terroristen werden

Eltern merken oft gar nicht, daß sie ihrem Kind nach und nach das Kommando überlassen

Kinder, die scheinbar stärker sind als ihre Eltern, fühlen sich bei ihnen nicht geborgen

Sie schaffen es immer wieder: ihren Willen durchsetzen, koste es, was es wolle. Sie schreien, strampeln, heulen – bis die Eltern kapitulieren. Da ist ein Kind, das ißt nichts als Würstchen, und nur wenn die Mutter ihm dabei vorliest. Sie möchte das gar nicht, doch ihre Überredungskünste sind ohne jede Wirkung. Irgendwann gibt sie nach, entnervt und besiegt. Soll sie denn das Kind verhungern lassen? Ein anderes geht nur ins Bett, wenn der Vater vorher ein bestimmtes Spiel spielt, drei Geschichten vorliest und seine Hand hält, bis es einschläft. Protestiert der Vater, kommt es zu dramatischen Szenen. Also gibt er klein bei. Aber am schlimmsten ist es außer Haus, wenn die Leute mitbekommen, wie so ein kleiner Zwerg seinen erwachsenen Eltern auf der Nase herumtanzt – da würden sie manchmal am liebsten vom Erdboden verschluckt werden.

Oft hat alles mit einem außergewöhnlichen Umstand angefangen: Das Kind hatte schon als Baby Schlafprobleme, es war kränklich, es schrie furchtbar viel, es war auffällig unruhig – irgendeine besondere Situation hat die übermäßige Aufmerksamkeit der Eltern verlangt. Voller Sorge und Mitgefühl haben sie alles für ihr Kind getan – bis sie irgendwann von ihm »aufgefressen« wurden: Es wurde zum Mittelpunkt seiner Familie, bestimmte, wo es bei ihm zu Hause langgeht. Die Eltern haben also keine Autorität. Sie sind wie eine Gummiwand, gegen die das Kind immer wieder anrennt, ohne die Stärke, den Widerstand zu finden, den es unbewußt herausfordert.

Was tun?

- Die Eltern schauen sich ihr Kind genauer an: Es tritt vielleicht auf, als sei es der Größte, und spielt den Boß der Familie, aber offensichtlich fühlt es sich in seiner Haut überhaupt nicht wohl. Es ist vermutlich extrem ungeduldig, launisch und oft aggressiv und weder bei Kindern noch bei Erwachsenen besonders beliebt. Es braucht Hilfe, denn es hat zuviel Macht. Immer wieder spürt es, daß die Eltern zu schwach und unsicher sind, um mit ihm fertig zu werden, und verwickelt sie in fruchtlose Machtkämpfe, um zu guter Letzt stets wieder die Führung zu übernehmen. Daß es dadurch aus dem Lot geworfen wird, ist klar.

◗ Die Eltern beschließen, Grenzen zu setzen. Das heißt, sie stellen sich ihrem Kind. Am besten beginnen sie mit einem Streitpunkt, der besonders aktuell und heikel ist, und geben ihrem Kind zu verstehen: »So geht es nicht weiter, wir möchten das jetzt verändern.« Also machen sie ihre Vorstellungen und Wünsche deutlich, hören sich die Gegenargumente des Kindes an und legen dann fest, wie sie in Zukunft mit dem Konflikt umgehen werden. Das Kind muß im voraus genau wissen, was die Eltern tun, wenn es die Abmachung nicht einhält.

◗ Beide Eltern bleiben konsequent. Ein Beispiel: Es ist vereinbart, daß der Vater dem fünfjährigen Sohn beim Zubettgehen eine einzige Geschichte vorliest, fünf Minuten bei ihm bleibt und dann geht. Egal wie sehr das Kind bettelt und schreit – die Eltern geben nicht nach. Wichtig: Sie erlauben ihm aber, seine Enttäuschung herauszuheulen und seinen negativen Gefühlen Luft zu machen. Schließlich erlebt es auf schmerzliche Weise den Entzug seiner Macht und testet, ob die Eltern zu ihrer Ankündigung stehen.

◗ Nicht die Geduld und den Mut verlieren! Bevor eine positive Veränderung eintritt, wehrt sich das Kind erst einmal, denn es hat Angst. Bisher konnte es als kleiner Familiendiktator seine Ängste hinter seinen Machtansprüchen verstecken. Doch wenn seine Eltern auf einmal Stärke und Festigkeit zeigen, spürt es plötzlich seine eigene Hilfsbedürftigkeit – und das macht angst. Die Eltern müssen ihr verstörtes Kind also auffangen, ihm immer wieder liebevoll, aber bestimmt zeigen, wo es langgeht, und es fest in die Arme nehmen, sobald es das zuläßt. Es soll ja nicht von den Eltern »besiegt« werden, sondern sich endlich geborgen und geliebt fühlen, ohne sie beherrschen zu müssen.

◗ Das Kind bekommt viel Anerkennung für seine wirklichen Stärken und Fähigkeiten. Häufig sind die Eltern eines tyrannischen Kindes so entnervt, daß sie kaum noch einen Blick für seine positiven Seiten haben – den sollten sie wieder schärfen und ihrem Kind signalisieren: »Wir lieben dich, so wie du bist.« Dann kann es sich leichter fallenlassen und muß nicht mehr so oft den stärksten aller Starken mimen.

Kinder toben und rebellieren, wenn sie zum ersten Mal spüren: Diesmal geben die Eltern nicht nach

Es ist eine große Erleichterung für ein Kind, nicht mehr den großen Macker spielen zu müssen

»Ins Bett? Jetzt schon? Ich bin kein bißchen müde!«

Eltern sollten unmißverständlich klarmachen, ab wann sie abends für sich sein wollen – das bewirkt mehr als drängeln und schimpfen

Es soll tatsächlich Kinder geben, die folgsam und ohne Widerworte in ihr Zimmer eilen, sobald die allabendliche Ermahnung der Eltern ertönt: »Ab ins Bett, es ist Schlafenszeit!« Doch das sind bemerkenswerte Einzelfälle. Die Norm ist: »Bitte nur noch zehn Minuten!« Oder: »Ich hab' Durst, und Hunger hab' ich auch noch!« Und wenn das alles nicht zieht: »Da sind immer so komische Geräusche im Schrank ...«

Alles verständlich. Denn im Wohnzimmer dabeizusein ist alles, im (halb)dunklen Zimmer zu verschwinden bedeutet Trennung und ist langweilig. Elterliche Argumente wie »Du kannst doch vor Müdigkeit kaum noch aus den Augen schauen« oder »Du brauchst deinen Schlaf, sonst bist du morgen zappelig und paßt in der Schule nicht auf« sind aus kindlicher Sicht nur lästiges Erwachsenengefasel.

Was tun?

- Einen ruhigen Moment während des Tages dazu nutzen, um das allabendliche Theater zu besprechen. Zunächst braucht das Kind die Chance, gehört zu werden, wobei das Lieblingsargument »Wieso soll ich so früh ins Bett gehen, ich bin doch kein Baby!« besonderes Verständnis verdient: Lange aufbleiben bedeutet bekanntlich »groß« sein.
- Anschließend auch den eigenen Wunsch unmißverständlich darlegen: »Wir Eltern möchten ab ... Uhr für uns sein.« Ein fester Zeitpunkt schafft Klarheit und hilft Eltern, abends nur kurz auf die vereinbarte Uhrzeit zu verweisen, anstatt die immer gleichen Ermahnungen herunterzuleiern.
- Weil das Kind eben kein »Baby« mehr ist, darf es sich in seinem Zimmer noch mit diesem und jenem beschäftigen oder eine Kassette hören – Zubettgehen heißt nicht zwangsläufig Licht aus und einschlafen. So haben Eltern ihre Ruhe, und das Kind wird nicht unter Druck gesetzt mit Ermahnungen wie: »Es ist unheimlich spät, jetzt mußt du aber wirklich schlafen!« – wo doch niemand auf Kommando einschlafen kann.
- Gemeinsam ein Zubettgeh-Ritual entwickeln. Etwa so: Ausklü-

geln, wie lange das Kind abends für Dinge braucht wie Schultasche ordnen, waschen, Kleidung für den nächsten Tag bereitlegen u. ä. und wie lange der gemütliche Teil – vorlesen, miteinander über den Tag reden – dauern soll. Diese Zeit dann in das Ritual einbauen.

- Dem Kind eventuell die Wahl anbieten: »Entscheide, ob du eine halbe Stunde früher ins Bett gehen möchtest, dann lesen oder reden wir länger miteinander, oder ob du später gehst, dann gibt es lediglich einen Gutenachtkuß.« Doch was ist, wenn die Eltern am Ende zwar herrlich ungestörte Abende verbringen, das Kind aber so lange in seinem Zimmer spielt, daß es am nächsten Morgen völlig unausgeschlafen ist? Gelassen bleiben, einige Tage Geduld haben, bis das Zubettgeh-Ritual zur Gewohnheit geworden ist. Anfangs beobachten, ob es vielleicht noch hier und da abgewandelt werden muß, ob der Zeitraum für den vereinbarten Ablauf auch stimmt. Aber keine Diskussionen und wortreichen Ermahnungen mehr. Falls nötig, das (kleine) Kind bestimmt und freundlich in sein Zimmer führen – dann wenn es Zeit ist, ins Bett zu gehen, und auch im Fall, daß es einfach wieder aufsteht und felsenfest behauptet, überhaupt nicht einschlafen zu können. Es muß erfahren: An der Vereinbarung mit den Eltern ist nicht zu rütteln. Wichtig: Nicht in alte Schimpfmuster verfallen; die imponieren dem Kind nicht, sie sind längst verbraucht und abgedroschen. Ein ruhiges, festes und auch genußvolles Ritual ist dem Einschlafen förderlicher als Druck und gereiztes Drängeln. Im übrigen holen müde Kinder mangelnden Schlaf meistens nach – spätestens am Wochenende.

Kinder haben unterschiedliche Schlafbedürfnisse. Sie können lernen, zu einer bestimmten Zeit in ihr Zimmer zu gehen, aber nicht, auf Kommando einzuschlafen

Wenn ein Kleinkind immer wieder aufsteht: Es jedesmal ins Bett zurückbringen, gelassen und ohne viele Worte

Keine Nacht Ruhe vor dem Kind

Manchmal kompensieren Kinder mangelnde Zuwendung und Zärtlichkeit, indem sie sich nachts ins Bett der Eltern schleichen

Seit Monaten jede Nacht die gleiche Geschichte: nach Mitternacht leise Tippelschritte auf dem Flur, danach ein zartes Stimmchen neben dem Elternbett, das fordert: »Rutscht mal!« Sekunden später macht es sich die Dreijährige samt eigener Bettdecke auf der Ritze zwischen Mami und Papi bequem und schläft sofort wieder ein. Die Eltern haben größere Probleme mit dem Wiedereinschlafen. Sie fühlen sich gestört und fragen sich, was es mit den nächtlichen Überfällen auf sich hat.

◗ Den Nachtwandler beobachten. Hat das Kind Angst, allein im Kinderzimmer zu bleiben? Oder kommt es im Kindergarten nicht klar und nimmt seinen Kummer mit in den Schlaf? Oder fühlt es sich zu Hause zuwenig beachtet und will so auf sich aufmerksam machen? Vielleicht waren die vergangenen Wochen zu hektisch. Kinder holen sich die Zuwendung wieder, die ihnen vorenthalten wird, und zwar mit Macht. Hat tagsüber niemand Zeit für sie, tanken sie nachts Wärme und Zärtlichkeit.

Steckt hinter den nächtlichen Wanderungen nichts als eine liebe Gewohnheit, werden die meisten Eltern schon ungeduldiger: »Was können wir tun, damit diese nächtlichen Wanderungen irgendwann ein Ende haben?«

◗ Keine Machtspielchen beginnen. Das Kind also nicht mit Schwung in sein Bett zurücktragen und mit strenger Stimme Gehorsam einfordern: »Keine Widerworte! Du mußt in deinem Bett schlafen!« Damit würde sich nur das Risiko vergrößern, daß das schlaflose Wesen auf das Machtspiel eingeht, also erst recht nicht einschläft, nach kurzer Zeit erneut in der Schlafzimmertür steht und jammert: »Ich kann nicht einschlafen!« Es bringt so seinen Eltern schnell bei, wer den längeren Atem hat.

◗ Gelassen reagieren: Kleine Kinder wachen nachts nun mal auf, das ist ganz normal. Also einerseits kein Drama aus den Nachtwanderungen machen. Möglichst nicht in Zorn geraten und in dem kleinen Wesen einen Quälgeist sehen, der nachts mit Absicht durch die

Wohnung tappt, um seinen Eltern den letzten Nerv zu rauben. Das nächtliche Wandern ist keine geplante Missetat, um die Eltern zu ärgern. Andererseits aber klipp und klar die eigene Meinung verkünden: »Daß du bei uns schläfst, ist keine Dauereinrichtung. Das müssen wir uns wieder abgewöhnen, sonst schläfst du noch als Schulkind jede Nacht auf unserer Ritze!«

- Mit dem Kind reden – nicht gleich nachts, sondern am nächsten Tag und in aller Ruhe. Ihm erklären, daß nicht nur Kinder, sondern daß auch die Erwachsenen Bedürfnisse haben – zum Beispiel den Wunsch, nachts nicht gestört zu werden – und daß ein Kind lernen muß, die Interessen anderer zu respektieren. Gleichzeitig Verständnis dafür zeigen, daß dieser Lernprozeß Geduld erfordert und nicht in kürzester Zeit vollbracht sein kann.
- Einen klaren Standpunkt beziehen. Ein Kind spürt seismographisch, was seine Eltern denken. Es orientiert sich vor allem an ihrer Einstellung und nicht unbedingt an dem, was sie sagen. Zaudern und zweifeln die Eltern – »Müssen wir jetzt wirklich eine Grenze ziehen?« –, und versuchen sie nur mit halbem Herzen, die nächtlichen Wanderungen zu stoppen, dann heißt das für ihr Kind: »Auf das, was sie sagen, muß ich nicht achten. Sie wissen selbst nicht genau, was sie wollen!« Erst wenn die Eltern voller Überzeugung sagen: »Demnächst schläft jeder wieder im eigenen Bett!«, haben sie eine Chance, ernst genommen zu werden.
- Durchhaltevermögen zeigen. Klar, daß sich ein Kind nicht so einfach aus dem warmen Elternbett vertreiben lassen mag und sich mit Tränen und Schluchzen wehrt. Spürt es, daß seine Eltern zwar bereit sind, es zu trösten, aber dennoch bei ihrer Linie bleiben, gibt sich das Weinen wieder.

Natürlich ist die Verzweiflung groß, wenn Eltern strenger durchgreifen. Der Kummer ist halb so schlimm, wenn man getröstet wird

»Mami, geh nicht weg! Mami, bleib bei mir!«

Wenn kleine Kinder zu sehr klammern, können die Eltern meist auch nicht loslassen

Meist ist so ein Kind lieb, sanft und – anhänglich. Sehr anhänglich: Am liebsten hängt es an Mutters Rockzipfel und läßt ihn überhaupt nicht mehr los. Mit zwei spielt es zwar mit dem Nachbarskind, aber nur wenn Mami in Sichtweite bleibt. Mit drei kommt es in den Kindergarten, doch Mami soll bitte nicht gehen. Versucht sie es doch, löst jeder Abschied Panik aus. Und wenn der kleine Klammeraffe in die Schule kommt, klebt er noch immer an ihr: Sie soll ihn unbedingt bis an die Klassentür begleiten oder bei den Hausaufgaben neben ihm sitzen und abends ja nicht mit Papi ausgehen. Mit all ihrer herzerweichenden Ängstlichkeit hat die kleine Klette ihre Eltern fest im Griff.

Für dieses Verhalten kann es die verschiedensten Gründe geben: Das Kind hat in den ersten Lebensjahren eine Trennung erlebt, die es nicht ganz verkraftet hat: Die Mutter mußte für längere Zeit ins Krankenhaus; sie oder beide Eltern waren verreist, und das Kind wurde von den Großeltern versorgt; die Eltern lassen sich scheiden. Sehr sensible Kinder können auf Trennungserlebnisse mit großen Verlustängsten reagieren. Aus Angst (wieder) verlassen zu werden, klammern sie sich an die Mutter und lassen sie am liebsten gar nicht mehr los.

Zudem besteht zwischen der Unselbständigkeit eines Kindes und der Einstellung der Eltern oft eine direkte Wechselbeziehung. Nicht nur das Kind klammert, auch die Eltern binden das Kind stark an sich – vielleicht weil es sehr zart ist und sie es schützen wollen, weil sie es ganz für sich haben möchten, um sich geliebt und gebraucht zu fühlen, oder aber weil sie glauben, ihr Kind könne gar nicht genug Zuwendung und Unterstützung bekommen, um glücklich zu werden.

Was tun? Dem Kind in aller Behutsamkeit den Weg in eine größere Selbständigkeit bahnen, das heißt:

- Die Eltern erforschen ihre eigenen Ängste und ihr Verhalten gegenüber ihrem Kind: Welchen Anteil haben sie daran, daß es sich an sie klammert? Wo könnten sie ansetzen, um es zu stärken und ihm mehr Sicherheit zu geben? Ein guter Auftakt ist, dem Kind Erfolgserlebnisse zu vermitteln.

- Dem Kind helfen, seine eigenen Fähigkeiten zu entdecken. Bisher hat es vor allem erfahren, daß es immerzu an seine Grenzen stößt und ohne Hilfe der Eltern nicht zurechtkommt. Und die Eltern haben es, ohne Absicht, vermutlich darin bestätigt: indem sie ihm zuviel abgenommen haben. Also gilt, das Kind dabei zu unterstützen, seinem Alter und seinen Vorlieben entsprechend, Dinge selbst zu schaffen: einen Turm zu bauen, den Tisch zu decken, das Puzzle zu legen. Und wenn die Eltern ihm dabei helfen, dann diskret und so unauffällig, daß es stolz auf seine eigene Leistung sein kann. Selbertun gibt enorme Sicherheit.
- Eltern üben, von ihrem Kind Abschied zu nehmen. Zum Beispiel, wenn es in den Kindergarten kommt: Sie nehmen es auf keinen Fall gleich nach den ersten Tränen wieder mit nach Hause, um es dort noch mehr zu umhegen. Dies wäre ein Rückschlag und eine Niederlage sowohl für das Kind als auch für die Mutter oder den Vater. Es bindet sich nur noch stärker an sie und wird kein bißchen selbständiger. Besser ist es, das Kind zunächst nur ein, zwei Stunden im Kindergarten zu lassen und die Zeitspanne allmählich zu steigern, es aber immer pünktlich abzuholen, da Zuverlässigkeit eine Grundvoraussetzung ist, um seine Ängste abzubauen. Tröstlich sind im übrigen eingespielte Abschiedsrituale und vertraute Gegenstände, die es von zu Hause in den Kindergarten mitnimmt. Wichtig: Das Abschiednehmen funktioniert natürlich nur, wenn sich das Kind an dem fremden Ort wohl fühlt und die Menschen dort mag. Um selbständiger zu werden, braucht es Beziehungen zu anderen und Quellen der Geborgenheit außerhalb der Familie.
- Eltern lassen »Rückschritte« zu: Viele Kinder machen in ihrer Entwicklung zwei Schritte vor und einen zurück – das ist völlig normal, denn kein Kind entwickelt sich völlig gradlinig. So hat es sich vielleicht in seiner Selbständigkeit bereits weit vorgewagt, doch plötzlich klammert es wieder: Es macht wieder in die Hosen, wacht nachts wieder mehrmals auf oder möchte wieder vorgelesen bekommen. Womöglich ist es eifersüchtig auf das Geschwisterchen und will selbst noch einmal Baby sein.

Ein Kind läßt seine Eltern nur ziehen, wenn es sich dort, wo es bleibt, aufgehoben und gemocht fühlt

Es ist völlig normal, wenn ein Kleinkind auf einmal wieder Baby sein will

Ein Schritt vor, zwei Schritte zurück – dauernd wird getrödelt

Kinder haben alle Zeit der Welt. Nicht ganz einfach, aber hilfreicher als schimpfen und zur Eile antreiben: eisern Ruhe bewahren, tief durchatmen und überlegen, ob die eigenen Maßstäbe immer die richtigen sind

Jeden Morgen die gleiche Szene: Mit Blick auf die Uhr und längst schon im Mantel umkreist die Mutter ihren Dreikäsehoch von Sohn, der in aller Ruhe seine Hausschuhe auszieht und gar nicht daran denkt, sich helfen zu lassen. »Mach' ich allein!« verkündet er energisch und läßt sich bei seiner Arbeit durch eine ungeduldige Mutter nicht stören, die – wie immer – seine Gummistiefel bereitstellt, seinen Anorak holt und vergeblich versucht, ihm Beine zu machen: »Los, los! Der Bus wartet nicht! Wir haben's eilig, das weißt du doch!«

Natürlich kennt der Vierjährige den morgendlichen Zeitdruck, das bedeutet aber noch lange nicht, daß er seine Bärenruhe verliert und sich sputet. Er trödelt gemütlich weiter, manchmal sogar richtig genüßlich. Weil seine Mutter inzwischen reichlich unter Druck steht, macht sie das, was sie nicht tun will – sie schimpft: »Kannst du dich nicht ein bißchen mehr beeilen, deine Trödelei ist nicht zum Aushalten.« Das Meckern hat nicht zur Folge, daß sich ihr Trödler nun beeilt. Im Gegenteil. Der Knabe kennt die Leier längst. Das ewige »Dalli, dalli!« prallt an ihm ab. Was tun?

Erster Schritt

- Versuchen, die Ursache des kindlichen Verhaltens herauszufinden, und sich kritisch fragen: Machen wir Eltern zuviel Druck? Stimmt das Tempo nicht, das wir zu Hause vorgeben? Sagen wir zu oft »hopp, hopp« und »eilig«? Gibt unser Sprößling uns mit seinem Dauergetrödel zu verstehen, daß er keine Lust hat, so zu funktionieren, wie wir's gern hätten – immer schön schnell, reibungslos und wohlorganisiert nach unserem Schema? Oder gilt das Trödelmanöver vielleicht als Zeichen von Selbstbehauptung und heißt: »Ich bestimme selbst, wie schnell oder langsam ich mich in Bewegung setze.« Oder soll das ewige Getrödel eine Provokation sein? Ein Machtspielchen, das signalisiert: »Mit meiner Langsamkeit kann ich euch nerven. Ihr müßt euch fügen. Ich bestimme, in welchem

Tempo hier was geschieht, ganz egal, was ihr davon haltet!« Kinder mögen nicht immer nur brav sein, und sie haben auch schlicht ein Heidenvergnügen daran, ihre Macht auszuspielen und neugierig abzuwarten: »Mal sehen, was jetzt geschieht.« Oder ist unser Kind einfach nur ein Träumer, in seinen Gedanken im Wolkenkuckucksheim, und was sich auf Erden abspielt, interessiert nicht besonders. Was steckt dahinter, wenn es sich in Tagträumereien verliert? Ist das als Spiel oder als Flucht vor der Wirklichkeit zu verstehen?

Zweiter Schritt

- Versuchen, hinter das Geheimnis der Langsamkeit zu kommen: »Woran denkst du eigentlich, wenn du Löcher in die Luft starrst und dabei die Zeit vergißt?« Fragen Sie nicht gerade zwischen Tür und Angel, wenn die Zeit drängt, sondern später in Ruhe.

Dritter Schritt

- Dem Trödler seine Eigenständigkeit zubilligen – auch wenn's Nerven kostet. Ihm nicht mit Normen kommen wie: »Was alle Kinder schaffen, wirst du auch können!« oder: »Eine Stunde muß morgens

Leuchten ihnen die Erwachsenenregeln nicht ein, üben sich Kinder oft in passivem Widerstand. Sie trödeln und signalisieren so: »Ich habe meine eigenen Vorstellungen.«

reichen fürs Aufstehen, Frühstücken, Anziehen!« Viele Kinder haben nichts im Sinn mit dem, was als Normalmaß gilt. Sie denken nicht daran, sich anzupassen. Bei ihnen dauert es einfach länger, bis sie in die Gänge kommen – egal was andere davon halten. Wer entsprechend mehr Zeit für die alltäglichen Dinge des Lebens einkalkuliert (Wecker früher stellen), erspart sich einigen Streß und hat so die Möglichkeit, Ruhe zu bewahren: »Wenn wir den Bus verpassen, nehmen wir eben den nächsten!«

Vierter Schritt

◗ Möglichst gelassen und ruhig auf die Trödelmanöver reagieren – ein Kunststück, das gelernt sein will. Im Gespräch nicht zu lang und breit darauf eingehen, sonst wird erst recht ein Thema daraus, und die Botschaft lautet: Damit rücke ich in den Mittelpunkt des Interesses. Besser: einen Mittelweg finden. Mal machen die Eltern Dampf – wenn's wirklich eilt. Mal trödeln sie mit – wenn sich's einrichten läßt. Werden die eigenen Bedürfnisse gesehen und respektiert, stellen sich Kinder auf Dauer selten quer. Warum auch? Langsamkeit kann auch ihr Gutes haben. Eltern lernen von ihren Kindern, daß Kinderuhren anders ticken als Erwachsenenuhren und nicht alles nach Programm verlaufen muß, daß es oft eben nicht auf die Minute ankommt und Spielräume weiter gesteckt sind, als im ersten Moment erwartet, daß es erholsam sein kann, häufiger fünf gerade sein zu lassen. Besonders die ewig eiligen, scheinbar gut organisierten Erwachsenen erfahren im Zusammenleben mit Kindern, daß Zeitdruck oft hausgemacht ist und mehr Müßiggang das Leben bereichert.

Fünfter Schritt

◗ Die eigene Not schildern, wenn wirklich keine Zeit ist für Trödelmanöver: »Ich mag die Hetzerei auch nicht, aber auf meinem Schreibtisch wartet ein Batzen Arbeit, der bis zum Abend erledigt sein muß. Deshalb müssen wir den nächsten Bus erwischen und uns beeilen, um in den Kindergarten zu kommen, damit ich danach schnell ins Büro abschwirren kann. Das läßt sich heute nicht anders machen. Aber zusammen schaffen wir das schon!« Keine langen Diskussionen anzetteln, warum der Batzen Arbeit wartet und weggeschafft werden muß, sondern klipp und klar bei der Sache bleiben: »Ich möchte, daß du dich beeilst!« Ein knappes »Ich möchte, weil ...« oder »Das muß sein, weil ...« wirkt oft Wunder, wenn es nicht zu häufig benutzt und damit abgenutzt wird.

Kaum sitzen die Kinder im Auto, schon fliegen die Fetzen

Ein einziges Kind auf dem Rücksitz: eitel Sonnenschein. Zwei befreundete Kinder im Auto: bewegt bis stürmisch. Geschwister in ein und demselben Wagen: Aufruhr aller Elemente.

Warum? Weil Geschwister schließlich Rivalen sind, die auf dem Rücksitz Gebietskämpfe austragen, und weil sie völlig verschiedene, meist alterstypische Interessen durchsetzen wollen: Das jüngere verlangt nach der Märchenkassette, das ältere brüllt: »Bloß nicht den Babykram!« Da hocken sie in der Enge des Wagens beieinander, gehen sich auf die Nerven, langweilen sich. Streit wird dann zum Frustventil und der Hintersitz zur Kampfarena. Mögen die aufgebrachten Eltern noch so fürchterliche Verwünschungen ausstoßen, der Effekt ist gleich Null. Die beliebteste aller leeren Drohungen: »Wenn ihr nicht aufhört, schmeißen wir euch raus« ist vermutlich die hilfloseste.

Und all die elterlichen Rezepte, die zu Hause funktionieren mögen – ja keine Einmischung oder Parteinahme, die Lösung des Konflikts den Kindern überlassen, räumliche Trennung der Streithähne –, all diese bewährten Methoden sind im Auto unmöglich oder viel zu gefährlich. Und genau das muß mit den Kindern – vor der Autofahrt – eindringlich besprochen werden. Natürlich verstehen Eltern, daß stillsitzen im Auto fade ist und nervt, doch hier zählen aus Sicherheitsgründen andere Regeln als zu Hause.

Also gilt es zu beraten, wie die Reise lustiger werden kann: Welche Spielsachen, Malutensilien und Musikkassetten mitnehmen? Welcher Proviant und wieviel? Welche gemeinsamen Spiele planen, die allen Spaß machen? Wer sitzt wo und wie lange? Vermutlich geraten sich die Geschwister spätestens jetzt in die Haare – sollen sie doch. Nun haben sie Zeit und Raum, ihre Wünsche auszuhandeln und sich dabei nach Herzenslust zu zanken.

Und eines muß unmißverständlich klar sein: Wenn es trotz aller akribischen Planung auf dem Rücksitz doch Tumult gibt, wird sofort (oder sobald es geht) an den Rand gefah-

Wenn's im Auto laut wird, stur anhalten, nicht weich werden, selbst wenn die Kinder beteuern: »Wir sind doch längst still.« Erst nach einer Wartepause weiterfahren

Ausreichend Verpflegung ist wichtig – essen lenkt ab und mildert die Langeweile

ren und angehalten – ohne große Erklärungen, ohne jegliche Diskussion –, bis Ruhe herrscht. Wird diese Regel von den Erwachsenen konsequent durchgehalten, spüren die Kinder, daß die Eltern es ernst meinen – und das wirkt Wunder.

Noch einige Tips

- So zeitig losfahren, daß tatsächlich mehrere Stops möglich sind, ohne in Zeitnot zu geraten.
- Bei langen Fahrten: mehrmals rasten, damit die Kinder sich austoben können. Aber natürlich nicht anhalten, wenn auf dem Rücksitz Ruhe herrscht, sondern erst wenn der Friede bedroht ist, und dann schnell, bevor die Schlacht ausbricht.
- Eis und Cola an der nächsten Tankstelle in Aussicht stellen. Doch immer genügend Getränke dabeihaben; Hitze und trockene Luft im Auto machen Kinder noch durstiger als sonst.
- Den Walkman nicht vergessen, damit jedes Kind seine eigene Musik hören kann.
- Warum sich als Erwachsener nicht auch mal auf die Rückbank setzen?
- Und nicht vergessen: Das Anschnallen im Auto, selbst bei kurzen Fahrten, sollte zur Routine werden. Das gilt genauso für Erwachsene.

Fernsehen – das große Streitthema in der Familie

Wieso läuft die Kiste schon wieder? Glücklich und versunken hat die Tochter gerade noch im Kinderzimmer mit ihren Bauklötzen hantiert. Warum bleibt die Vierjährige nicht bei ihrem Spiel? Genervt lauscht die Mutter an der Wohnzimmertür und fragt sich: »Wieso weiß das Kind mit seiner Zeit nichts Besseres anzufangen, als sich vor die Flimmerkiste zu setzen? Was tun, damit die Dauerfernseherei ein Ende hat und die Tochter wieder mehr Augen und Ohren für ihre Spielsachen, Malstifte und Bilderbücher? Die Glotze einfach abschalten?«

- Dem Kind samt Fernseher erst einmal den Rücken kehren, entspannen, tief Luft holen. Die Situation genau anschauen: Warum ärgert es mich eigentlich, daß mein Kind vor dem Fernseher hockt? Heißt das Problem vielleicht auch: Ich fühle mich mies, weil ich dem Fernseher nichts entgegensetze? Weil ich mich um meine eigenen Dinge mehr kümmere als um mein Kind? Keine Zeit und keine Lust habe, andere Interessen zu wecken? Den Fernseher oft ganz gern als Babysitter benutze? Wem will ich mit meiner Aktion »Jetzt wird nicht mehr ferngesehen« eigentlich eine Grenze setzen – dem Kind oder mir?
- Gelassen bleiben. Bitte nicht ins Wohnzimmer stürmen und lospoltern. Geraten die Eltern in Rage, wird das Spektakel nicht selten für ein Kind erst recht interessant. Weil es fasziniert, Mutter oder Vater anders als gewöhnlich zu erleben, beginnt es ein Spielchen: »Mal gucken, ob Mami nachher wieder so meckert, wenn ich mich jetzt vor den Fernseher setze!« (Je jünger das Kind, desto spannender das Spiel.) Kinder sind Meister der Provokation. Sie testen das Verhalten ihrer Lieben mit Fleiß: »Flippen sie aus, oder bleiben sie cool? Bleiben sie bei ihrem Nein – auch wenn ich sie ordentlich nerve?«
- Bestimmt und mit möglichst ruhiger Stimme sagen: »Ich möchte nicht, daß du schon wieder vor dem Fernseher hockst!« Nicht hart und plötzlich einen Schlußstrich ziehen: »Ende mit der Glotzerei!«, sondern einen Kompromiß anbie-

Ist der übermäßige Fernsehkonsum von Kindern ein Zeichen dafür, daß sie vernachlässigt sind?

Den Fernsehkonsum selbst regulieren, das überfordert kleine Kinder. Der Reiz und der Entscheidungsspielraum sind einfach zu groß. Hier helfen ein paar kleine Regeln

ten: »Diese Sendung schaust du dir noch zu Ende an, aber länger wird nicht ferngesehen!« Erklären, warum das Maß voll ist und warum man nichts von dem Dauerfernsehkonsum hält.

- Ein kleines Kind ist überfordert, wenn es selbst bestimmen soll, wann es fernsieht und wann nicht. Der Apparat ist einfach zu reizvoll. In dieser Situation aus eigenem Antrieb nein zu sagen, das ist nicht zu schaffen, wenn man vier-, fünf- oder sechs Jahre alt ist (und auch danach haben die meisten Kinder noch ihre Probleme damit). Deshalb eindeutig Stellung beziehen und ein Reglement vorgeben: »Ferngesehen wird nur nach Absprache.« Oder: »Nur das wird angeschaut, was wir gemeinsam in der Programmvorschau anstreichen. Ferngesehen wird nur, wenn ich dabei bin.«
- Dem Kind Alternativen zum Fernsehprogramm schmackhaft machen und ihm mehr Zeit und Zuwendung widmen. Gemeinsam Kaufladen spielen, gemeinsam das Liederbuch durchblättern, gemeinsam im Park über die Wiese rennen, gemeinsam durch den Supermarkt schlendern – es gibt eine Menge gemeinsamer Aktivitäten, die ein kleines Kind in der Regel mehr interessieren, als allein vor dem Fernseher zu hocken.
- Dem Kind helfen, mehr Eigenständigkeit zu entwickeln. Ihm beim Spielen und beim Helfen im Haushalt Verantwortung übertragen. Sein Können loben. Erfolgserlebnisse zu genießen ist aufregender, als müde vor dem Fernseher zu hängen.
- Schritt für Schritt das Verhalten ändern, nicht plötzlich das Steuer herumreißen. Durfte ein Kind bisher nach Herzenslust fernsehen, dann kann es nicht verstehen, warum plötzlich damit Schluß sein soll, nur weil es aus Sicht der Eltern zuviel fernsieht. Was bedeutet das überhaupt – zuviel fernsehen? Es kann nicht nachvollziehen, warum die Eltern plötzlich hart und streng durchgreifen, und reagiert entsprechend bockig auf diese Verhaltensänderung.

»Hilfe, mein Kind ist schlampig, vergeßlich und völlig chaotisch«

Manche Kinder sind so unglaublich unordentlich, daß Eltern schier verzweifeln: ein Kinderschuh vor der Haustür, der andere im Flur, die Jacke in die Ecke gepfeffert, die Schulhefte zusammengeknüllt im Ranzen. Nirgends kann das Chaotenkind sein Sportzeug finden, seine Handschuhe läßt es wer weiß wo liegen. Und sein Zimmer? Es sieht aus, als hätte ein Orkan darin gewütet. Unter dem Bett vergammeln Bananenschalen, Keksreste und einzelne Socken.

Wenn alle Ermahnungen nichts fruchten, drohen die Eltern entweder mit Strafe: »Wenn du noch einmal etwas verschlampst, zahlst du es mit deinem Taschengeld!« Oder sie versuchen es mit einer Belohnung: »Eine Woche lang ein aufgeräumter Schulranzen, und du bekommst ein neues Poster.« Der Erfolg solcher Methoden ist, zum Leidwesen der Erwachsenen, meist dürftig. Denn schlampige Kinder fühlen sich in ihrem Saustall wohl. Und sie sind deswegen schusselig, weil sie so in ihrer eigenen Welt – ihren Träumen, Plänen und Unternehmungen – aufgehen, daß die faden Ordnungsvorstellungen ihrer Eltern sie gar nicht erreichen. Was tun?

- Ein Familiengespräch einberufen, in dem auf keinen Fall noch mehr ermahnt und gepredigt wird. Denn wortreiche Belehrungen überzeugen das Kind sowieso nicht, im Gegenteil, es kann sie nicht mehr hören. Besser ist es, das Kind anzuhören. Vielleicht kommt es selbst auf Ideen, wie es seinen Alltag besser organisieren kann: »Wir kleben einen großen Zettel an meine Schranktür: Mittwochs Sportsachen einpacken.« Oder: »Kauft mir doch einen ganz großen knallroten Papierkorb fürs Zimmer, dann schmeiß' ich die Bananenschalen bestimmt da rein!«
- Nur wenige, aber präzise Regeln aufstellen und sie auf die von der gesamten Familie benutzten Räume beschränken. Wenn die Eltern das Kind in seinem eigenen Zimmer möglichst gewähren lassen, wird selbst dem schlampigsten das Chaos zuviel, wenn es vor lauter Unordnung nicht mehr weiß, wohin es treten soll. Viel-

Viele Kinder kommen selbst darauf, wie sie sich leichter an mehr Ordnung gewöhnen können

Elterliche Gegenmaßnahmen sollten möglichst pragmatisch sein und mit der »Missetat« des Kindes in einsehbarem, logischem Zusammenhang stehen

Ordnen und Planen – das lernen manche erst, wenn sie erwachsen sind

leicht helfen dann Mutter oder Vater ein wenig beim Aufräumen, denn Ordnungmachen will erst gelernt sein. Außerdem ist das eine ideale Gelegenheit, das Zimmer auszumisten.

◗ Mit logischen Konsequenzen reagieren, wenn Abmachungen nicht eingehalten werden: Verstreut das Kind seine Sachen überall in der Wohnung, werfen die Eltern sie in eine große Kiste im Keller. Liegt die schmutzige Wäsche nicht im Wäschekorb, wird sie einfach nicht gewaschen. Und läßt das Kind seine Handschuhe schon wieder im Bus liegen, bekommt es keine neuen oder zahlt beim Neukauf vom Taschengeld etwas dazu. Wichtig: Solche Maßnahmen funktionieren natürlich nur, wenn die Eltern bereit sind, konsequent zu handeln.

◗ Den Alltag strukturieren. Fahrige und leicht chaotische Kinder kommen innerlich eher zur Ruhe, wenn sie im voraus wissen, wann welche Aktivitäten oder Aufgaben anliegen. In einer überschaubaren Ordnung fühlen sie sich aufgehoben und sicher – und können sich so auch selbst besser organisieren.

◗ Schließlich als Erwachsener in Sachen Ordnung und Sauberkeit etwas lockerer werden. Kinder haben einfach andere Vorstellungen darüber. Ihr Durcheinander stört sie nicht, oft brauchen sie es sogar, um ausgiebig spielen zu können. Sie wollen ihre Eltern nicht damit ärgern, es sind ihnen nur andere Dinge viel wichtiger.

Von Kindern keine Perfektion erwarten, das schont die Nerven. Im übrigen ist aus so manch einem kleinen Chaoten ein ausgesprochen ordentlicher, disziplinierter Erwachsener geworden – aber aus eigener Einsicht, nicht den Eltern zuliebe!

»Mami, du bist eine doofe Zicke!«

Doofe Zicke« gehört noch zu den harmloseren Bezeichnungen. Das Spektrum reicht von »Arschloch« bis »bescheuerte Kuh«. Vor allem Stöpsel im Kindergartenalter haben wenig schmeichelhafte Bezeichnungen für ihre Eltern parat. Was steckt dahinter, und wie können Eltern damit umgehen?

Zum einen sind Kinder im Kindergartenalter besondere Sprachkünstler. Sie genießen es, endlich über einen reichen Wortschatz zu verfügen. Und weil sie stolz auf ihr neues Können sind, haben sie jetzt ihre besondere Freude daran, mit Sprache zu experimentieren. Daß sich mit Wortgewalt Mächtiges bewirken läßt, dämmert ihnen zunehmend. Was sich damit erreichen läßt, wird neugierig ausgelotet: »Wie reagiert der Vater, wenn ich ›Oller Glatzkopp!‹ zu ihm sage? Die Mutter, wenn ich sie als dämliche Hexe bezeichne? Der Bruder, wenn ich ›Blöder Affenarsch!‹ hinter ihm herrufe? Lachen die Beschimpften, werden sie wütend, oder nehmen sie diese wunderbaren Wortgebilde kaum wahr, die ich erfunden oder mir gemerkt habe?« Weil das Spiel neu, entsprechend reizvoll und spannend ist, wird es mit Wonne wiederholt. Die Beschimpfungen sind also manchmal nur Testballons: »Mal gucken, wie andere auf meine Lieblingsschimpfwörter so reagieren.« Die Tragweite von Schimpfwörtern überblicken kleine Kinder noch nicht. Wie sehr sie verletzen können, ist ihnen nicht klar.

Zum anderen machen Kinder in dieser Phase eine neue Erfahrung: Beherrschen sie Schimpfwörter, dann steht ihnen ein weiteres Ventil zur Verfügung, um Gefühle abzureagieren, wenn sie unter Druck geraten und sich Luft machen wollen. Früher konnten sie sich vor Verzweiflung nur auf den Boden werfen, laut und schrill kreischen und um sich treten, wenn sie vor Wut weder ein noch aus wußten. Heute können sie ihre Wut in Worte fassen, dem anderen diese Worte um die Ohren hauen und dann erleichtert aufatmen.

Verstehen, warum kleine Kinder

Mit Wörtern spielen – ein Vergnügen für Kinder, die gerade erst der Sprache mächtig sind. Schimpfwörter ausprobieren ist besonders interessant

Bloß nicht Gleiches mit Gleichem vergelten. Kinder, die beginnen, mit Sprache zu experimentieren, brauchen Anleitung

Sich nicht auf Machtkämpfe mit älteren Kindern einlassen, sondern möglichst ruhig den Beschimpfungen entgegnen: »Hier ist Schluß. Ich lasse mich nicht niedermachen!«

Schimpfwörter benutzen, bedeutet noch lange nicht, sie auch hinnehmen zu müssen. Wie zeigt man Grenzen auf, wenn Kinder ihre Eltern als Doofköppe oder als Saubande beschimpfen?

- Nerven behalten und bloß kein Schimpfduell beginnen. Auch nicht mit feineren Worten zurückgiften, sondern möglichst gelassen bleiben. Ruhig durchatmen. Warten, bis sich der Adrenalinspiegel wieder senkt. Derweil ein kurzes Selbstgespräch halten nach der Art: »Es geht nicht gleich die Welt unter, wenn ich mir anhören muß, ich sei eine blöde Henne!« (Sie geht auch nicht unter, wenn andere mithören.) Dann möglichst sachlich und ruhig sagen: »Ich will nicht niedergemacht und beschimpft werden!«
- Nicht mit Strafen drohen: »Wenn du das noch einmal zu mir sagst, dann ...« Was dann? Strafen nutzen wenig, denn sie machen mehr wütend als einsichtig. Besser ist zu erklären, warum mich Schimpfwörter verletzen: »Du tust mir weh, wenn du mich beschimpfst – Schimpfwörter sind verletzend wie Schläge!« Und: »Wie würde es dir ergehen, wenn dich dein Freund beschimpft?« Manches Kind wird hier hellhörig und gibt zu: »Ich bin sauer und traurig, wenn ich beschimpft werde!« (s. Seite 35).
- Haben sich die Wogen geglättet, im Gespräch noch einmal auf dieses Erlebnis zurückkommen und erklären, warum Schimpfwörter kein Zeichen von Stärke sind. Gemeinsam überlegen, wie man den Frust loswerden kann, ohne einem anderen auf der Seele herumzutrampeln. Ein Vorschlag: Nicht den Kontrahenten als dusseligen Trottel bezeichnen, sondern lieber laut und kräftig »Mist!« brüllen – auch nicht gerade wunderbar, aber schon weniger verletzend.
- Die eigene Sprache überprüfen. Wie reagieren wir Erwachsenen, wenn wir Wut im Bauch haben? Knurre ich hinter jedem Straßenverkehrsrowdy »Idiot!« her, muß ich mich nicht wundern, wenn meine Kinder ihre Lehrer als Saftsäcke bezeichnen. Wie immer orientieren sie sich auch hier am Vorbild der Erwachsenen.

Im Gegensatz zu den Kleinen wollen ältere Kinder mit Schimpfwörtern oft gezielt provozieren und auch verletzen. Wer sich nicht provozieren läßt, sondern mit Festigkeit und Entschlossenheit auf solche Grenzverletzungen reagiert, das Kind zum Beispiel mit einem »Das muß ich mir nicht anhören!« kühl aus dem Zimmer weist, wird wahrscheinlich nicht so schnell wieder beschimpft, denn die Provokation hat nicht

gegriffen und das Schimpfwort wenig bewirkt – damit verliert die Sache ihren Reiz.
Schimpft ein Kind über alles und jedes, bekommen die Eltern alle naselang zu hören, sie seien überhaupt das Letzte und die spießigsten Oberpenner, sollten Mütter und Väter sehr genau hinschauen, denn das geht über Familiengezänk und Frustgeplänkel hinaus. Was steckt dahinter? Warum diese Wut, diese dauernde Unzufriedenheit? Sich einer Erziehungsberatungsstelle anzuvertrauen ist oft besser als langes Rätseln und Beobachten.

Eltern gehen heute glücklicherweise freundschaftlich, tolerant und locker mit ihren Kindern um – gerade wenn diese älter werden. Sie beharren nicht mehr darauf, zu Hause allein das Sagen zu haben. Sie sind weniger darauf bedacht, sich als die Familienhäuptlinge darzustellen, und fürchten seltener, daß ihnen ihre Sprößlinge auf dem Kopf herumtanzen. Ab und an wird dieser lässige Ton bei aller Freundschaft von den Nachkömmlingen mißverstanden, werden Grenzen auf ihre Haltbarkeit getestet oder nicht mehr wahrgenommen, obwohl sie dennoch gelten.

»Ich möchte, daß du dich bei Tisch benimmst!«

Sagen die Eltern, was sie meinen, und meinen sie, was sie sagen, orientiert sich ein Kind auf Dauer an dieser Richtschnur – auch wenn's um gute Manieren geht

Der Kopf hängt schwer über dem Suppenteller. Auch dem Arm scheint es an Kraft zu mangeln. Der Sechsjährige schafft es kaum, den Löffel anzuheben. »Gleich hängst du mit der Nase im Teller!« mahnt seine Mutter. »Na und«, brummelt der Suppenlöffler, »ist doch egal!« »Ist eben nicht egal!« antwortet seine Mutter und weist darauf hin, daß der Mensch in der Lage ist, den Löffel zum Mund zu führen, und nicht den Mund zum Löffel bringen muß.

Trotz aller Erklärungen hat der Knabe für gute Manieren nicht viel übrig. Nicht schlürfen, nicht schmatzen, nicht mit vollem Mund reden – der gesamte Katalog feinerer Sitten ist ihm schnurzegal. Entsprechend aufmüpfig ist sein Verhalten: Er denkt nicht daran, einigermaßen sittsam bei Tisch zu sitzen. Er schlürft seine Suppe in sich hinein, schmatzt munter und zeigt seine Abneigung gegen gutes Benehmen deutlich. Wie darauf reagieren?

- Ein Kind möglichst von klein auf mit den wichtigsten Benimmregeln bekannt machen – auch wenn man ihm in der Kleinkindphase größere Spielräume zubilligt: »Noch nimmst du die Pizzastücke in die Hand. Später wirst du sie auch mit Messer und Gabel essen – so wie ich!« Auf diese Weise sind bestimmte Regeln von Anfang an eine Selbstverständlichkeit. Läßt man einem Kind dagegen jahrelang alle Freiheiten der Welt, ist es später um so mühsamer, ihm mit unbequemen Einschränkungen zu kommen. Natürlich sperrt es sich dann dagegen und will die neuen Regeln erst mal umgehen.
- Wenn es zu Auseinandersetzungen kommt, dem Anstandsmuffel verständlich machen, daß einem sein Gelümmel, Geschlürfe und Geschmatze die Freude an gemeinsamen Mahlzeiten verleidet. Die eigenen Wünsche zum Ausdruck bringen: »Ich möchte, daß du dich einigermaßen anständig benimmst – so wie es auch in einem Restaurant Sitte ist!«
- Willkürliche Drohungen wie »Wenn du das Schmatzen nicht läßt, bekommst du morgen keinen

Nachtisch!« werden nicht ernst genommen. Besser ist, sofort zu reagieren und gleich Konsequenzen zu ziehen: »Wir haben keine Lust, deine schlechten Manieren zu ertragen. Deshalb ißt und trinkst du lieber allein! Oder du benimmst dich bei Tisch so, daß wir gern mit dir zusammensitzen.« Ziehen Eltern eindeutig Grenzen, finden solche Konfrontationen in Zukunft seltener statt. Mit der Zeit begreift ein Kind, daß das Zusammenleben besser klappt, wenn sich alle an bestimmte Vorgaben halten.

- Keinen umfassenden Katalog von Benimmregeln verkünden, sondern nur die Einhaltung der wichtigsten einfordern. Je mehr Regeln, desto größer die Wahrscheinlichkeit, daß sich der Nachwuchs gegängelt und eingeengt fühlt, dichtmacht oder auf einen Machtkampf aus ist. Halten sich die Regeln dagegen in Grenzen, erhöht sich die Bereitschaft, sie zu akzeptieren.

Ein Kind nicht mit Benimmregeln eindecken, sonst schaltet es ab. Je weniger Vorschriften, desto größer seine Bereitschaft, sich damit auseinanderzusetzen

- Tischmanieren nicht ganz so ernst nehmen – auch wenn's schwerfällt! Denn Mahlzeiten sind schließlich Nahrung für Leib und Seele und kein steifer Benimmkurs. In einer gelösten Atmosphäre fühlen sich alle sehr viel wohler. Die Tischmanieren bleiben fürs erste unperfekt, aber dafür steigt die Lust am Essen.
- Keine Gardinenpredigt halten, wenn der Sohn das Messer ableckt, sondern fernab vom alltäglichen Geschehen ein Gespräch über den Sinn sozialer Verabredungen beginnen. Versuchen, den Sinn von Benimmregeln zu erklären: Warum einem anderen die Tür vor der Nase zuknallen, wenn ich sie ihm aufhalten kann? Warum also unfreundlich sein, wenn ich freundlich sein kann? Oder: Warum Kartoffeln mit den Fingern essen, wenn alle eine Gabel benutzen? Warum das tun, was andere als störend und unschön empfinden? Erklären, daß sich die Menschen in unseren Breiten auf bestimmte Abmachungen geeinigt haben: Hier wird eine Serviette und nicht das Tischtuch zum Mundabputzen benutzt usw. Was bei uns gilt, muß in anderen Ländern noch lange nicht gelten. Aber jede Gemeinschaft hat ihre eigenen Vorstellungen, an die man sich halten sollte, um dazuzugehören.

Wenn es bei Tisch drunter und drüber geht

Es ist Abend, die Familie versammelt sich nun um den hübsch gedeckten Tisch und freut sich auf eine gemütliche Mahlzeit – bis der Älteste dem Jüngsten gegen das Schienbein tritt und der Kleine jäh aufschreit. Oder die Schwester das volle Milchglas über Vaters Hose gießt und er losbrüllt. Die Streitpausen sind kurz und meist erfüllt vom Schwall elterlicher Ermahnungen: »Nicht schmatzen! Ellbogen vom Tisch! Wo läufst du denn schon wieder hin?« Doch leider bewirken diese Erziehungsbemühungen absolut gar nichts, sie prallen an den Kindern ab. Dafür sinkt die Stimmung auf Null.

Warum dieser Streß? Im wesentlichen entsteht er deshalb, weil Eltern von diesem einen Zeitpunkt des Tages, wenn die Familie beisammensitzt, viel zuviel erwarten: Jedem soll es schmecken, alle sollen von den Erlebnissen des Tages erzählen, aber auch zuhören und den anderen aussprechen lassen, dabei gerade sitzen und niemals rülpsen – eine Modellfamilie beim Abendbrot. Und das, obwohl Vaters Nerven abends bloßliegen, die Mutter erschöpft ist und die Kinder überdreht reagieren. Wie soll das klappen?

Da hilft nur eines – Prioritäten setzen:

- Die Kinder fragen, was sie am Ablauf der gemeinsamen Mahlzeiten ändern wollen. In der Regel antworten sie: »Anstatt uns auszufragen, erzählt ihr doch mal was.« Oder: »Es nervt, wenn ihr immer an uns herumnörgelt.« Außerdem schmeckt dem einen Kind dies nicht, das andere wünscht sich Berge von Nachtisch, auch wenn es das Gemüse verschmäht hat.
- Anschließend nun Kompromisse und Zugeständnisse aushandeln, beispielsweise: Einmal in der Woche bekommt jedes Kind sein Lieblingsgericht. Jedes darf sich ein, zwei Speisen aussuchen, die es nicht zu essen braucht, statt dessen schmiert es sich ein Brot. Hähnchenbeine und Pommes darf man mit der Hand verspeisen.
- Die Eltern benennen drei oder mehr Punkte, auf denen sie bestehen, zum Beispiel: keine Rempeleien, dem anderen nicht ins Wort

Sind Spaß und Gespräche nicht wichtiger, als sich gegenseitig zu piesacken und anzurempeln?

Zuviel Strenge reizt Kinder, ihre Eltern mit schlechten Tischmanieren zu provozieren

fallen, erst aufstehen, wenn alle fertig sind. Jeder Punkt wird auf ein »Erkennungswort« reduziert, das im Bedarfsfall genannt wird. Auf diese Weise ersparen sich Eltern jenes Dauernörgeln, das allen aus dem Hals heraushängt. Für kleinere Kinder kann das Pochen auf Tischmanieren mit »Codewörtern« sogar zum vergnüglichen Spiel werden.

- Warum nicht einmal in der Woche Tischmanieren üben? Dabei kann man ja ein wenig herumalbern, sich übertrieben steif und fein benehmen.
- Wenn dem Kind ein unbekanntes Gericht mal überhaupt nicht schmeckt, wird der Teller einfach entfernt – das setzt dem Gemotze ein Ende und schont die elterlichen Nerven.
- Jedes Kind muß nur so viel essen, wie es möchte: Das ist für alle entspannend. Meistens essen Kinder dann von sich aus mehr.
- Mit kleineren Kindern bei einer Brotzeit zu zweit oder beim »Kaffeeklatsch« mit Stofftieren spielerisch Tischmanieren einüben. Dabei Tiere für »schlechtes Benehmen« strafen, für gutes loben.

»Wir haben uns auf sechs Uhr geeinigt, deshalb gilt sechs Uhr!«

Kinder wollen wissen, welche Spielregeln für das Zusammenleben gelten, und erwarten von ihren Eltern, daß sie eindeutige Antworten geben

Es ist dem Knaben nicht beizubringen, pünktlich zu sein. Egal ob Schulbeginn oder Abendessen, Besuch bei der Großmutter oder Stadtbummel, nie ist er zum verabredeten Zeitpunkt zur Stelle. Schimpfen hilft nicht, ermahnen hilft nicht, und auf Strafen, die seine Eltern in ihrer Hilflosigkeit verkünden, reagiert er nur mit überlegenem Lächeln. Was tun?

- Zuhören, wenn das Kind seine Unpünktlichkeit zu erklären versucht. Es nicht mit einem Schwall von Vorwürfen und mit vorwurfsvoller Miene empfangen.
- Dem Kind sachlich erklären, warum Pünktlichkeit eben doch wichtig ist: »Was empfindest du, wenn du ewig warten mußt? Du ärgerst dich wahrscheinlich, denn Warten ist langweilig. Warten kann zur Qual werden, wenn man sich Sorgen macht und denkt: ›Hoffentlich ist nichts passiert.‹ Deshalb ist es rücksichtslos, andere lange warten zu lassen. Wer sich verspätet, kann Bescheid sagen.«
- Über Rücksichtnahme, Fairneß und Kooperationsfähigkeit sprechen (aber keine Moralpredigt halten). Gemeinsam mit dem Kind überlegen, warum das Zusammenleben angenehmer ist, wenn alle – Kinder und Erwachsene – rücksichtsvoll und höflich miteinander umgehen und ihren Egoismus nicht zu intensiv pflegen. Gleichzeitig Verständnis dafür zeigen, daß ein Kind auch mal unpünktlich ist. Ein Vier-, Sechs- oder Achtjähriges hat seine eigene Wirklichkeit. Wenn es spielt und mit Freunden zusammen ist, wird alles andere vergessen. Kein Gedanke mehr an die Regeln, die man mit den Erwachsenen ausgemacht hat. Nur die eigenen Erlebnisse zählen. Es ist also kein »böser Wille«, wenn ein jüngeres Kind Verabredungen vergißt, auf die es sich eingelassen hat. Dennoch muß es auf Dauer lernen, daß eben im Zusammenleben bestimmte Spielregeln gelten und zu beachten sind.
- Gemeinsam mit dem Kind überlegen, ob Pünktlichkeit eigentlich in jedem Fall sein muß. Grenzen sind keine starren Gebilde, son-

Durch Erfahrung lernt ein Kind: Halte ich mich nicht an Abmachungen, kann das Folgen für mich haben

dern meist eine subjektive Sache. Man kann Spielregeln und Verabredungen auch in Frage stellen und neue, vielleicht weniger strikte treffen. Selbst wenn ein kleines Kind den Sinn eines solchen Gesprächs noch nicht von A bis Z versteht, erlebt es doch, daß es als Gesprächspartner ernst genommen wird.

- Nicht aus Bequemlichkeit oder um des lieben Friedens willen gleichgültig bleiben, wenn ein Kind verabredete Regeln dauernd ignoriert. Reagieren die Eltern nicht, heißt die Botschaft: »Warum soll ich mich an verabredete Zeiten halten, wenn sich niemand wirklich dafür interessiert, ob ich pünktlich oder unpünktlich bin!«
- Hält sich ein Kind so gut wie nie an Verabredungen und ist nie pünktlich, nach dem Warum fragen. Manchmal setzt sich ein Kind über Regeln hinweg, um seinen Eltern auf diese Weise indirekt zu signalisieren: »Ich bin kein kleines Kind mehr. Ich will selbst bestimmen, was ich tue.«
- Das eigene Vorbild selbstkritisch betrachten. Bin ich so verläßlich, wie ich es von meinem Kind erwarte, oder setze ich mich auch häufiger über Abmachungen hinweg? Lebe ich meinem Kind vor, was Mitverantwortung heißt? Bin ich selbst rücksichtsvoll und zuverlässig, kann ich eher erwarten, daß auch mein Kind rücksichtsvoll und zuverlässig ist.
- Wird das Thema »Unpünktlichkeit« zum Dauerärgernis, dem Kind verdeutlichen, daß es Folgen hat, wenn es sich nie an Verabredungen hält, zum Beispiel: Abgemacht ist, daß es um sieben Uhr Abendessen gibt. Also findet die Mahlzeit auch um sieben statt. Auf Nachzügler wird nicht gewartet. Wer nicht pünktlich erscheint, muß allein nachessen. Oder: Eltern und Kinder haben beschlossen, gemeinsam ins Kino zu gehen. Wer nicht pünktlich da ist, wenn zum Aufbruch geblasen wird, muß sehen, wie er allein zum Kino kommt, oder zu Hause bleiben.

»Meine Kinder denken immer nur an sich«

In den Augen von Kindern sind Eltern nützliche Wesen mit minimalen Rechten und fast ohne eigene Bedürfnisse. Manchmal flippen sie zwar aus, weil sie schlecht drauf sind, aber das macht nichts – Eltern fangen sich erstaunlich schnell und funktionieren dann wieder einwandfrei: als Chauffeur, Diener, Koch und Seelentröster. Kinder wissen das vielleicht zu schätzen – nur warum geben sie es nicht zu erkennen? Warum sind sie nicht wenigstens ein bißchen zuvorkommender, rücksichtsvoller, hilfsbereiter?

Weil Eltern zuwenig fordern – und zuviel erwarten. Das heißt: Einerseits scheuen sie sich, ihre Wünsche denen der Kinder entgegenzusetzen, und stellen ihre eigenen Interessen ständig zurück. Andererseits sind sie maßlos enttäuscht, wenn ihre Kinder nicht von sich aus etwas aufmerksamer sind und nur noch ihren »grenzenlosen Egoismus« ausleben.

Wie läßt sich das ändern?

- Eltern formulieren in einem Familiengespräch ihre Bedürfnisse – möglichst nicht vorwurfsvoll oder im Jammerton, sondern klar und sachlich. Kinder müssen wissen, was Eltern bereit sind, für sie zu tun, und was nicht. Zum Beispiel: »Wenn ich Zeit habe, fahre ich dich gern irgendwohin oder hole dich ab. Ich bin aber nicht bereit, meine Pläne deinetwegen umzuwerfen. Am besten also, du kündigst deine Wünsche frühzeitig an.« Oder konkreter: »Ja, ich fahre dich dienstags zum Training, aber du mußt dich (oder wir müssen uns) um eine Rückfahrmöglichkeit kümmern, denn um die Zeit bin ich selbst beim Yoga.« Ein anderes Beispiel: »Du darfst gern laute Musik in deinem Zimmer hören, aber nicht, wenn wir uns ausruhen wollen. Das gilt auch, wenn Freunde bei dir sind.« Es geht also darum, Kompromisse auszuhandeln, auf die sich alle einigen können und die von allen Beteiligten eingehalten werden.
- Eltern beharren auf Rücksicht. Wenn sie selbst entgegenkommend sind und mit ihren Kindern respektvoll umgehen, können sie das gleiche auch von ihnen fordern. Das heißt, daß Eltern negati-

Eltern, die rücksichtsloses Verhalten ignorieren, weil sie befürchten, als spießig zu gelten, ändern gar nichts

Wenn Väter und Mütter ihren Kindern Achtung und Respekt vorleben, können sie von ihnen das gleiche erwarten

Kinder profitieren davon, daß ihre Eltern auf sich achten, anstatt sich aufzuopfern

ves Verhalten nicht aus Bequemlichkeit oder Nachsicht übergehen – sonst wird es bloß verstärkt –, sondern immer wieder eisern ihren Wünschen Nachdruck verleihen. Aber Vorsicht: Möglichst gelassen bleiben und nicht die Person des Kindes angreifen mit Sätzen wie: »Du grenzenloser Egoist, du denkst sowieso nur an dich! Wie es mir geht, ist dir völlig egal!« Denn das nervt Kinder nur und beeindruckt sie überhaupt nicht.

- Eltern handeln konsequent, sobald Abmachungen nicht eingehalten werden: Ein Kind, das die Musik zum falschen Zeitpunkt auf ohrenbetäubende Lautstärke stellt, muß sie ganz abschalten. Räumt es nach einem Gelage mit seinen Freunden das Geschirr nicht in die Spülmaschine, muß es das nachholen, egal was es gerade vorhat und welche Ausreden es vorbringt. Passiert es öfter, dürfen die Freunde für eine bestimmte Zeit gar nicht mehr kommen. Wichtig: Kinder müssen über die Folgen vorher Bescheid wissen – sonst werden die Konsequenzen als eine willkürliche, ungerechte Strafe empfunden.
- Eltern stehen voll und ganz zu ihrer Haltung. Nur dann gelingt es ihnen, ihre persönlichen Wünsche durchzusetzen, ohne sich erweichen zu lassen, wenn die Kinder auch noch so motzen und aufbegehren. Eltern müssen also überzeugt davon sein, daß sie ein Recht auf Ruhe, auf eigene Zeit und auf Rücksichtnahme haben. Erstens tun sie sich selbst damit einen Gefallen, denn allzuviel Opferbereitschaft macht bloß aggressiv. Zweitens tun sie ihren Kindern einen Gefallen, die nur so erfahren, daß das Zusammenleben aus Nehmen und Geben besteht.

»Immer diese blöden Pflichten. Ich hab' keine Lust!«

Pflichten erfüllen, Alltagskrempel hinter sich bringen – auf sehr unterschiedliche Art und Weise machen sich Menschen an diese Aufgabe: In manchen Familien gelten Pflichten als Selbstverständlichkeit und gehören nun mal zum Leben. Da wird nicht lange darüber nachgedacht, ob man Lust hat, sie zu erledigen oder nicht. Sie werden einfach abgehakt. Dann hat man das Pflichtprogramm irgendwann hinter sich und entsprechende Freiräume.

Wer keine Probleme hat, seine Pflichten zu erledigen – egal welche –, tut sich leichter, sein Kind in dieses Programm einzubeziehen. Kaum auf den Beinen, bekommt das Kleinkind schon ein Staubtuch in die Hand gedrückt und macht mit beim Putzen. Danach werden ihm kleine Aufgaben übertragen: »Du erinnerst mich immer ans Blumengießen!« Und später heißt es: »Kannst du dich um die Versorgung des Wellensittichs kümmern?« Schritt für Schritt übernimmt das Kind mehr Verantwortung.

Diese Familie versteht sich nicht nur als Lebens-, sondern auch als Arbeitsgemeinschaft. »Du machst das, ich mache jenes – zusammen sind wir ein gutes Team und schnell fertig mit allem, was ansteht.« Jeder hilft nach Kräften und Können mit, und das ist Gewohnheitssache seit frühester Kindheit. Die Regeln stehen fest, darüber muß nicht erst lange diskutiert werden. Jedes Kind orientiert sich am Vorbild seiner Eltern. Nehmen sie ihre Pflichten ernst, nimmt es seine Pflichten ebenfalls einigermaßen selbstverständlich hin.

Weil besonders pflichtbewußte, akkurate, disziplinierte Erwachsene manchmal schwer zu ertragen sind – sie sind einfach zu vortrefflich, zu perfekt –, mag mancher Sprößling nicht gleich wieder in ihre Fußstapfen treten. Immer brav funktionieren, das kann's nicht sein. Folglich werden Pflichten selten oder auch häufiger extra schludrig oder gar nicht erledigt. Es hat seinen besonderen Reiz, den Erwachsenen zu zeigen: »Was ihr für wichtig haltet, ist mein Ding noch lange nicht!« Sinn

Eine gute Vorübung: Kinder frühzeitig in die Arbeiten, die zu Hause anstehen, einbinden. Ihnen Verantwortung übertragen

Besonders pflichtbewußte Eltern, die dauernd auf Disziplin pochen, nerven. Mit etwas mehr Gelassenheit kommen Eltern weiter

Wer selbst keine klare Linie hat, tut sich schwer, seinem Kind eindeutige Orientierungspunkte vorzugeben

Oft stellen Kinder ihre Eltern in Frage, um zu erforschen, ob sie als Vorbild dienen können

des kindlichen Muskelspiels ist, sich von den Eltern abzugrenzen.

Der Ärger ist dann meist programmiert, denn das Thema »Pflichten« eignet sich vorzüglich für Provokationen. Gerade die besonders disziplinierten und pflichtbewußten Eltern reagieren empfindlich, wenn ihr Kind nicht mitspielt und in seinen Trotzphasen gar nicht daran denkt, irgendwelchen festgelegten Pflichten nachzukommen.

In anderen Familien wiederum hält keiner viel von Pflichten. »Schade, daß man seine Zeit nicht nur mit Lieblingsbeschäftigungen verbringen kann«, heißt hier die Devise. Natürlich sind in dieser Familie die Eltern nicht unbedingt darauf aus, den Nachwuchs in die Pflicht zu nehmen. »Das Kind soll davon verschont bleiben!« Sie kommen auch kaum auf die Idee, ihrem Kind ein Staubtuch in die Hand zu drücken und Putzen als Spiel zu betrachten, sondern sind der Meinung, daß ein Dreikäsehoch Sinnvolleres zu tun hat. Das Kind soll seine Freiheit genießen. Alles andere hat Zeit. Pflichtübungen kommen mit der Schule noch früh genug.

In diesem Fall wird also kein klarer Orientierungsrahmen vorgegeben, sondern nur ein Gewirr unterschiedlichster Informationen: Einerseits sind da Aufgaben, die erledigt werden müssen – das steht fest. Diese Aufgaben werden nicht richtig ernst genommen. Die Erwachsenen belächeln sie vielleicht sogar, übernehmen keine Verantwortung, sondern mogeln sich auch selbst um anstehende Pflichtübungen herum oder verdrängen sie. Andererseits machen sie sich dann aber doch irgendwann an die Arbeit, oft murrend und unzufrieden. Ein Kind findet sich hier nur schwer zurecht: »Wie soll ich mit meinen Pflichten umgehen? Muß ich meinen Schulkram wirklich ernst nehmen, oder bin ich viel cleverer, wenn ich mich drücke?« Oder: »Wieso sagen meine Eltern, ich müsse im Haushalt helfen, obwohl sie selbst von Hausarbeit nichts halten?«

Was tun?

- Keine Vorträge halten, nicht mit Strafen drohen oder laut schimpfen, wenn Pflichten nicht erfüllt werden. Vielschimpfer erreichen nur, daß Kinder die Ohren zuklappen. Strafen haben zur Folge, daß Kinder aus Angst gehorchen. Kinder zu ängstigen, damit sie gehorchen – das kann kein Erziehungsziel sein. Statt loszupoltern, besser dreimal tief durchatmen und sich erst einmal in Gelassenheit üben.
- Versuchen, hinter die wahren Gründe von pflichtvergessenem Handeln zu kommen. »Warum macht sich mein Kind so gut

wie nie an seine Hausaufgaben? Warum putzt es seine Schuhe grundsätzlich nicht? Und warum bringt es ausgeliehene Bücher immer erst nach mehrfacher Mahnung in die Bibliothek zurück? Hat diese Unzuverlässigkeit vielleicht auch etwas mit mir zu tun? Welches Vorbild gebe ich ab? Erledige ich meine Pflichten locker und zuverlässig, oder habe ich auch meine Schwierigkeiten damit? Und wenn ich mich daranmache, dringende Arbeiten zu erledigen, bin ich dann eigentlich ganz frohgemut bei der Sache, oder tue ich es widerstrebend, muffelig und halbherzig? Gebe ich eindeutige Orientierungspunkte vor, oder habe ich selbst keine klare Linie?« Schlampt sich ein Kind durch den Alltag, muß das allerdings nicht immer mit einem Mangel an klaren Richtlinien oder schlechtem Vorbild zu tun haben. Oft hat es andere Gründe, sich alltäglichen Anforderungen zu verweigern. Vielleicht probiert es aus, ob es so die Aufmerksamkeit bekommen kann, die ihm fehlt, das heißt, ob die Eltern wirklich auf Dauer Verständnis für seine Schlampereien zeigen oder nicht doch irgendwann mal eindeutig »Schluß!« sagen und Grenzen aufzeigen.

◗ Das Problem ansprechen und dafür den richtigen Zeitpunkt wählen. Nicht darüber reden, wenn das Problem gerade akut ist, sondern später und in Ruhe. Die Argumente des Kindes erst einmal anhören und nicht gleich mit der eigenen Meinung vorpreschen.

◗ Gemeinsam nach Lösungen des Problems suchen: »Machen wir einen Plan, erledigen wir die Aufgaben, die anstehen, abwechselnd, oder ist in Zukunft jeder für einen ganz bestimmten Bereich zuständig?« Auch jüngere Familienmitglieder gleichberechtigt mitbestimmen lassen und sie nicht gleich an die Wand spielen: »Ihr seid noch zu klein, um mitreden zu können!«

◗ Kinder nicht zu Handlangern machen, die nur für die lästigen Pflichten zuständig sind. Ihnen entsprechend ihrem Alter auch Anspruchsvolles zutrauen. Verantwortung frühzeitig soweit wie möglich delegieren und akzeptieren, daß das Ergebnis vielleicht nicht ganz so perfekt ausfällt.

◗ Das Loben nicht vergessen. Aber dabei nicht übertreiben. Kinder haben ein feines Gespür für falsche Töne.

◗ Kinder nicht mit Pflichten überschütten. Nach vielen Stunden Stillsitzen und Mundhalten in der Schule und bei den Schularbeiten haben sie verständlicherweise keine Lust mehr auf weitere Pflichten.

Die Kinder von heute – zu verwöhnt, zu fordernd?

Wird ein Kind mit Spielzeug und Kleidung überhäuft, dann strahlt es keineswegs nur vor Freude, sondern weiß mit der Fülle oft nichts anzufangen

Sie besitzt mit ihren elf Jahren einen Kassettenrecorder, einen CD-Player und einen Walkman. Nun will sie einen eigenen Fernsehapparat. »Kommt nicht in Frage«, meinen die Eltern. Das sei zuviel des Guten. Sie sagen schlicht nein. Die Folge: ein Riesenaufstand.

Die Elfjährige bettelt: »Dann wünsche ich mir den Fernseher eben zum nächsten Geburtstag!« Es bleibt dennoch beim Nein. Also beschließt sie, das nötige Geld von ihrem Sparkonto abzuheben und den Fernseher vom Ersparten zu kaufen. Als auch das nicht auf Gegenliebe stößt, flippt sie erst recht aus und schimpft wie ein Rohrspatz.

»Eine reichlich verwöhnte Dame«, denken die ratlosen Eltern. »Wieso akzeptiert sie nicht, daß wir hier eine Grenze ziehen? Wie können wir ihr verständlich machen, daß nicht jeder Wunsch erfüllt werden muß?«

◗ Nicht verlangen, was man selbst nicht erfüllt. Eltern, die zwar bei ihrem Kind auf Bescheidenheit und Sparsamkeit dringen, obwohl es ihnen materiell gutgeht und sie sich selbst alles gönnen, wirken unglaubwürdig. Ein Kind nicht künstlich – gegen den Familientrend – knapp halten. Sondern das gesamte System kritisch beäugen: »Brauchen wir wirklich all das, was wir kaufen? Erhöht es wirklich unseren Lebensgenuß, oder verschafft uns dieses Mehr keine größere Zufriedenheit?«

◗ Weniger bringt mehr. Ein Kind, das in einem vollgestopften Kinderzimmer unter hundert Superspielzeugen wählen kann, fühlt sich von der Fülle meist erschlagen. Fehlen ihm dagegen hier Bauklötze, dort kleine Männchen, dann kann es improvisieren. Es entwickelt so Einfallsreichtum, Initiative und damit auch mehr Spaß beim Spielen. Verwöhnen heißt nicht nur, die Kinder mit Spielzeug, Klamotten und anderen Dingen zu überhäufen, sondern oft auch, ihnen zuviel Aufmerksamkeit zu widmen und zuwenig Einsatz abzuverlangen. Manchmal wird ein Kind zur Sonne, um die sich alles dreht. Da wird alles aufs feinste nach seinen Wünschen ausgerichtet. Das Wochenendprogramm ist von A bis Z kindgerecht, die liebevolle Gutenachtzeremonie jeden Abend ein Muß. Die gemeinsamen Mahlzeiten sind immer Pflicht. Natürlich braucht ein Kind eine Menge Zuwendung, aber ein dauerndes Zuviel lähmt es in seiner Entwicklung. Steht es immer im Mittelpunkt des Interesses, meint es, nur schnippen zu müssen, damit die Großen springen. Es kommt gar nicht auf die Idee, daß es für seine Zufriedenheit, sein Amüsement und Fortkommen auch selbst zuständig ist, und entwickelt keine entsprechenden Aktivitäten.

Auch wenn es um Mithilfe im Haushalt geht, verwöhnen viele Eltern ihren Sprößling reichlich. Sicherlich, manchmal muß er den Abfalleimer zur Mülltonne tragen, und ab und an ist von Tischdecken die Rede, aber dann verebbt dieses Einfordern wieder. Warum diese Schonhaltung? Oft aus Bequemlichkeit. Mithelfende Kinder helfen nicht immer, sondern vergrößern manchmal die Arbeit, weil sie noch keine Meister in Haushaltsdingen sind. Außerdem macht es einfach mehr Freude, ein Kind zu verwöhnen, als den Familiendrachen zu spielen, der auf Mithilfe dringt. Eltern haben oft auch wunderbare Erklärungen zur Hand, warum sie ihr Kind nicht zum Arbeitseinsatz bitten: Es soll ungestört spielen können oder lieber sein musisches Freizeitprogramm oder seine Schulaufgaben erledigen. Kein Wunder, daß der Sprößling das Helfen dann bald ganz läßt.

Wie können Eltern gegensteuern?

- Keine Radikalkur verordnen nach der Art: »Jetzt wird das Rad zurückgedreht und jede Extrazuwendung gestoppt. In Zukunft wird jetzt mehr Unterstützung in Familienangelegenheiten eingefordert!« Darauf reagiert ein Kind eher bockig als einsichtig. Besser: Das Verwöhnprogramm nach und nach reduzieren.
- Interessen wecken, Aktivitäten fördern, Verantwortung delegieren und dem Kind auf diese Weise Erlebnisse verschaffen – Erfolgserlebnisse und Mißerfolgserlebnisse – und ihm zeigen: Selbst etwas auf die Beine zu stellen macht zufriedener, als sich nur bedienen zu lassen.

Auch Zuwendung muß ihre Grenzen haben. Wird ein Kind von morgens bis abends liebevoll umsorgt, lernt es nicht, sich selbst um seine Belange zu kümmern

Endlich Schluß mit dem Hausaufgabenstreß!

Wenn Eltern sich zurückhalten und nicht mehr drängeln, mahnen, kontrollieren, dann übernimmt das Kind selbst die Verantwortung

Pädagogen beteuern: Hausaufgaben sind ein unentbehrlicher Teil des Schulalltags. Kinder sind da völlig anderer Meinung: Hausaufgaben sind die reinste Quälerei, langweilig und überflüssig. Sie bedeuten weniger Freizeit, ständigen Streß und reichlich Krach mit den Eltern. Deswegen tun Kinder alles, um das lästige Übel schnell hinter sich zu bringen: Sie pfuschen die Hausaufgaben in der Pause hin, schreiben von Klassenkameraden ab oder behaupten zu Hause, sie hätten diesmal überhaupt nichts auf. Andere setzen sich zwar brav an ihren Arbeitsplatz, doch dann beginnt der Streß: hampeln, schmieren, kritzeln, sudeln, ächzen – bis die Mutter eingreift und erklärt, ausradiert und verbessert. Sie wird immer gereizter, ebenso das Kind, und fast täglich fliegen die Fetzen. Was die Eltern auch versuchen – antreiben, schimpfen oder Regeln aufstellen wie: »Nach der Schule werden als erstes die Hausaufgaben erledigt!« –, die Lage bleibt unverändert hochexplosiv. Was tun?

Zunächst einmal ist ganz klar: Sobald Kinder spüren, daß die Hausaufgaben ihren Eltern wichtiger sind als ihnen selbst, delegieren sie automatisch die Verantwortung an Vater oder Mutter. Also: Ganz schnell die Zuständigkeit den Kindern übergeben! Das heißt:

- Die Eltern setzen sich zunächst selbst Grenzen: Sie reduzieren die Unterstützung bei den Hausaufgaben auf ein Minimum. Denn zuviel Hilfe, Kritik und Kontrolle lähmen das Kind, machen es abhängig, nehmen ihm die Freude an der eigenen Leistung – und zwingen Eltern in die undankbare Rolle unbezahlter Hilfslehrer.
- Ein neuer Zeitplan wird entworfen. Das Kind darf mitentscheiden, wann es seine Hausaufgaben macht. Manche Kinder müssen sich nach der Schule erst austoben, andere erledigen ihre Arbeit am liebsten sofort. Entscheidend ist, daß sich allmählich eine feste Routine einpendelt. Sehr wichtig: Einen Zeitpunkt ausmachen, bis zu dem die Hausaufgaben auf jeden Fall beendet sein müssen!
- Das Kind arbeitet selbständig,

wird aber keineswegs plötzlich sich selbst überlassen. Wenn es nicht weiterkommt oder etwas überhaupt nicht versteht, ist es klar, daß die Mutter gemeinsam mit ihm überlegt, wo das Problem liegt. Sie gibt vielleicht einen Anstoß, damit es wieder allein klarkommt. Und: Natürlich hören Eltern Vokabeln ab oder üben ein Gedicht für die Schule ein.

- Pausen sind erlaubt. Jedes Kind hat seine eigene Art zu arbeiten und sein individuelles Arbeitstempo. Es muß selbst ausprobieren, wie lange es sich konzentrieren kann. Warum soll es sich nicht zwischendurch etwas zu trinken oder zu essen holen, eine Runde herumflitzen? Vor allem rastlose, quirlige Kinder brauchen hin und wieder mal Bewegung – schwer genug, in der Schule ständig stillsitzen zu müssen!
- Eventuell schaut sich ein Elternteil am Schluß die Hausaufgaben an – aber nur nach Absprache mit dem Kind. Der Vorteil: Die Eltern können Fortschritte und Selbständigkeit loben. Der Nachteil: Das Kind fühlt sich bevormundet – vor allem natürlich, wenn Mutter und

Je mehr die Eltern die Schularbeit zu ihrer Aufgabe machen, desto weniger tun es die Kinder

Lehrer müssen wissen, daß die Eltern aufgehört haben, die Hausaufgaben ihres Kindes zu verbessern

Vater sich die eine oder andere kritische Bemerkung doch nicht verkneifen können.

◗ Die Eltern stimmen sich mit den Lehrern ab. Diese müssen wissen, daß das Kind seine Hausaufgaben eigenverantwortlich und ohne Einmischung der Eltern erledigt. Ihm dürfen deswegen keine Nachteile erwachsen! Auch wenn Eltern merken, daß ihr Kind extrem lange an seinen Aufgaben sitzt oder häufig gar nicht versteht, was es machen soll, ist es wichtig, die Lehrer zu informieren, anstatt selbst die Schulbücher zu studieren.

Sicher, Eltern halten es kaum aus, wenn ihr Kind fehlerhafte Hausaufgaben in der Schule abgibt – schließlich überwachen doch auch andere Eltern die Arbeiten ihrer Kinder! Aber das ist kein Kriterium. Wichtig ist, daß ein Kind lernt, selbständig zu arbeiten. Dazu braucht es Zeit.

Wenn Eltern konsequent die vereinbarte Zeitspanne einhalten und die Hausaufgaben zur festen Routine werden, richtet sich das Kind auch bald in diesen Grenzen ein. Zudem müssen die Hausaufgaben nicht fehlerlos erledigt werden. Sie sollen den Lehrern zeigen, wie weit das Kind ist und was es noch nicht verstanden hat: Sie sind es, die kontrollieren müssen, nicht die Eltern.

Der Klassenclown – ein ungeliebter Störenfried

Manche stören mit Witz und nur ab und zu: Sie albern herum und spielen sich in den Vordergrund, aber sie hören auf, bevor das Maß voll ist und alle nur noch sauer sind. Andere sind wie besessen von ihrer Rolle als Klassenstörer. Ob sie nun bestimmte Mitschüler unentwegt hänseln und verspotten, die Lehrer provozieren oder ständig hampeln und Faxen machen – sie bezwecken immer nur das eine: aufzufallen. Und das schaffen sie auch. Nur das, was sie wirklich wollen, Zuneigung und echte Anerkennung, das bekommen sie nicht. Aber für die typischen Klassenaufrührer ist negative Aufmerksamkeit ja allemal besser als gar keine. Warum? Um das herauszufinden, müßten Eltern versuchen, sich in ihren Unruhestifter einzufühlen und dahinterzukommen, was ihm fehlt. Das bedeutet:

- Die Eltern setzen sich in Ruhe mit ihrem Kind zusammen, um nun mit ihm über seine Schule und seine Klassenkameraden, über seine Wünsche und seinen Frust zu reden. Es darf jetzt all seinen aufgestauten Ärger herauslassen, ohne daß die Eltern jetzt mit Ratschlägen und klugen Ermahnungen einhaken. Denn nur so erfahren sie, was ihrem Kind zu schaffen macht. Vielleicht fällt ihm der Lernstoff so schwer, daß es durch ständiges Stören davon ablenken muß? Fühlt es sich aus anderen Gründen »klein« und minderwertig? Findet es keine Freunde, und seine Störungsmanöver sind hilflos-aggressive Versuche der Kontaktaufnahme? Was ist wirklich los mit diesem Kind, das ständig Ärger in Kauf nimmt, um unbedingt im Mittelpunkt zu stehen?
- Die Eltern überdenken auch ihr Verhalten: Wie stehen sie zu ihrem Sohn, ihrer Tochter? Kann es sein, daß sie selbst, ungewollt, die Faxen ihres Kindes mitfördern? Vielleicht scheuen sie sich, klare, verständliche Grenzen zu setzen. Oder sie tun das Gegenteil: Sie setzen ihr Kind unter Druck und erwarten Leistungen, die es gar nicht erbringen kann. Fühlt es sich also aus diesen oder

Die Grundeinstellung bei den Gesprächen in der Familie sollte sein: keine Schuldzuweisungen, sondern Zusammenarbeit

Wie unsicher muß sich ein Kind fühlen, das ständig stört, um Aufmerksamkeit einzufordern!

Es ist ganz wichtig, daß Eltern ihren eigenen Anteil am Verhalten ihres Kindes erforschen

Wenn Eltern das Verständnis der Lehrer bekommen, ist bereits viel gewonnen

auch ganz anderen Gründen verloren und allein gelassen?

- Bevor die Eltern sich an die Lehrer wenden, überlegen sie also gemeinsam mit ihrem Kind, wo die Probleme liegen und was jedes Familienmitglied dazu beitragen kann, die Schwierigkeiten zu bewältigen. Erfährt das Kind, daß sein Standpunkt und seine Vorschläge ernst genommen werden, macht es eine wichtige Erfahrung: Auch ohne jeden Klamauk bekomme ich Zuwendung. Oft genügt es schon, daß ein Kind sich verstanden fühlt und von den Erwachsenen mit neuen Augen gesehen wird, um eine Veränderung in Gang zu setzen.
- Die Eltern (oder ein Elternteil) sprechen mit den Lehrern. Das Kind darf bei dem Gespräch dabeisein, wenn es das möchte – schließlich geht es um seine Angelegenheiten. Wichtig: Die Eltern schildern die Problematik aus ihrer Sicht, interessieren sich aber genauso für die Situation und die Argumente der Lehrer und vermeiden es, sie anzugreifen. Sonst wälzen sie die Verantwortung bloß auf sie ab und treiben sie in die Defensive. Besser ist es, offen zuzugeben: »Ja, unser Kind stört den Unterricht. Wir haben das Problem in der Familie besprochen und es Ihnen geschildert. Was können wir gemeinsam unternehmen?«
- Kind, Eltern und Lehrer besprechen verschiedene Lösungsmöglichkeiten. Zum Beispiel: Das Kind wird umgesetzt, darf neben einem Kind seiner Wahl sitzen; der Lehrer nimmt das um Aufmerksamkeit buhlende Kind besonders oft dran, gibt ihm – diskret – präzisere Arbeitsanweisungen als anderen Kindern. Für einen vereinbarten Zeitraum bekommt das Kind gezielt positive Zuwendung. Kritik und Strafarbeiten bleiben aus: Sie haben ja nichts gebracht.

Es kann allerdings Wochen dauern, bis ein Störenfried es nicht mehr nötig hat, Krawall zu machen, und erkennt, daß sein Kampf um Überlegenheit auf Unterlegenheit beruht. Bis er fühlt: »So, wie ich wirklich bin, mag und akzeptiert man mich.« In manchen Fällen kann eine Therapie sehr hilfreich sein.

Aggressive Kinder: wütend und ratlos

Allen fallen sie auf, die hektischen, aggressionsgeladenen Kinder. Ob auf dem Spielplatz, im Kindergarten, ob in der Schule oder bei Freunden – wo immer sie mit anderen Kindern zusammen sind, wird in kürzester Zeit beharrlich gestritten und gerauft.

Erwachsene stempeln so einen Draufgänger schnell ab: Er ist der »Störenfried«, der »Rabauke«, der immerzu Ärger macht. Am besten, man hält ihn von den eigenen Kindern fern. Nur schlägt der aggressive Draufgänger erst recht los, wenn er sich ausgeschlossen fühlt. Er muß sich ja irgendwie Gehör verschaffen.

Was ist los mit diesen Kindern?

Oft sind sie nur ungeduldig. Ihr Temperament geht einfach mit ihnen durch, wenn sie sich unverstanden fühlen oder nicht ausdrücken können, was sie wirklich wollen. Kein Grund zu großer Beunruhigung: Das sind Kinder, die noch ein wenig Zeit brauchen, um sich mit anderen zu arrangieren, die mit Hilfe ihrer Eltern erst allmählich lernen müssen, sich mit moderaten Mitteln zu behaupten und sich sprachlich auseinanderzusetzen.

Allerdings gibt es auch kleine Wüstlinge, die immerzu gezielt und wild entschlossen auf alle Kinder losgehen. Eine andere Art der Verständigung scheinen sie nicht zu kennen. Warum? Weil sie Angst haben – meistens. Sie sind angespannt, fühlen sich ganz schnell angegriffen und glauben, sich mit Händen und Füßen wehren zu müssen, um vor anderen Kindern zu bestehen. Letztendlich aber bekämpfen sie vor allem ihre Ängste und ihre Unsicherheit.

Was können Eltern tun?

- Als erstes die Ursachen der Aggressivität suchen. Häufige Gründe sind: zu enge oder aber mangelnde Grenzen. Das heißt, die Eltern sind entweder so streng und kontrollierend, vielleicht auch derart behütend, daß ihr Kind kaum Möglichkeiten hat, die Verständigung mit anderen Kindern zu üben. Weil es sich nicht entfalten kann und unter Druck steht, schlägt es zu – meistens hinter dem Rücken der Erwachsenen.

Es ist ganz normal, wenn auch noch Sechs- und Siebenjährige ihre Streitigkeiten körperlich austragen; sie müssen erst lernen, sich sprachlich auseinanderzusetzen

Um einem aggressiven Kind zu helfen, müssen Eltern erst den Ursachen seines Verhaltens auf die Spur kommen

Herumtoben und mit den Eltern rangeln – das hilft aggressiven Kindern, ihre Unruhe loszuwerden

Oder aber die Eltern scheuen klare Regeln, lassen ihr Kind mehr oder minder tun und lassen, was es will, so daß es ihm an Orientierung fehlt. Es »haut um sich«, weil es keinen inneren Halt spürt, weil ihm seine Unsicherheit angst macht. Irgendwie muß es diese Ängste dann »wegschlägern«.

Manchmal hat ein aggressives Kind auch selbst irgendwann ungute Erfahrungen mit anderen Kindern gemacht: Es wurde geärgert und gehänselt, wußte sich lange nicht zu helfen, bis es eines Tages zurückgeschlagen hat. Plötzlich erlebt es, daß es nicht mehr »Opfer« ist, sondern »Täter«, und daß es seine eigene Angst verscheucht, wenn es sie anderen einjagt. Bald kann es nicht mehr anders, als immerzu den Rabauken zu spielen.

Weitere Schritte, um einem Kind aus diesem Verhalten herauszuhelfen:

- Mit dem Kind ein Gespräch führen. Einerseits für die »Opfer« so behutsam Verständnis wecken und dem Kind begreiflich machen,

daß Kinder ungern mit denjenigen spielen, die auf sie losgehen und ihnen weh tun. Andererseits die Motive ihres kleinen »Täters« erforschen: Was ängstigt ihn? Was macht ihn wütend? Wichtig: Dem Kind geduldig zuhören, ohne erhobenen Zeigefinger und ohne es mit bohrenden »Warum«-Fragen in die Enge zu treiben. Nur so erfahren Eltern, was es bewegt.

- Einschreiten, wann immer das Kind andere »angreift«, und zwar indem es von ihnen für eine bestimmte Zeit getrennt wird. Diese »Auszeit« signalisiert dem Kind: Die Eltern handeln und zeigen, wo es langgeht. Dabei sollten sie sich möglichst nicht durch das laute Protestgeschrei ihres Kindes beirren lassen. Denn Unschlüssigkeit oder auch übertriebene Aufmerksamkeit ist kontraproduktiv: Sie bestärkt das Kind in seinem Verhalten.
- Mit dem Kind oft toben und rangeln, um körperliche Kräfte zu erproben. So kann es seine inneren Spannungen »wegbalgen«. Auch bei Kissenschlachten oder beim Einschlagen auf einen »Boxsack«, bei Sportarten wie Judo und Karate erlebt ein Kind: »Ich darf kämpfen, wenn ich niemanden verletze und bestimmte Regeln einhalte.«
- Das Selbstbewußtsein des Kindes aufbauen, damit es seine Unsicherheit nicht hinter wildem Draufgängertum verstecken muß. Also seine positiven Seiten und Fähigkeiten stärken und es spüren lassen: »Wir nehmen dich so an, wie du bist.« Dazu gehört auch, daß es bei seinen Spielen und in der Phantasie seine Aggressionen ruhig ausleben darf. Denn das ist Teil seiner Entwicklung. Unterdrückt ein Kind seine Gefühle, verschwinden seine Aggressionen deswegen keineswegs, sie suchen sich nur ein anderes Ventil.
- Dem Kind möglichst vorleben, wie Konflikte in zivilisierter Form, also durch Argumente und Diskussionen, gelöst werden können. Das beinhaltet natürlich auch, auf die kindlichen Aggressionen nicht ebenfalls mit Aggressionen oder Klapsen zu reagieren – wie soll es verlernen zu hauen, wenn es die Eltern selbst tun?

Wut läßt sich nicht verbieten oder unterdrücken, das macht nur noch aggressiver

Häufig haben die Eltern aggressiver Kinder wenig Selbstvertrauen und sind überlastet: Es wird zu Hause viel geschimpft und gestritten, und die Gereiztheit der Eltern überträgt sich auf das Kind. Seine Aggressionen spiegeln die heftigen Konflikte der Familie wider.

VII. Die wichtigsten Punkte beim Grenzensetzen

Ein warmes, sehr offenes und liebevolles Familienklima ist eine der wichtigsten Voraussetzungen, damit Grenzen greifen: Wenn Kinder spüren, daß sie geliebt und anerkannt werden, sind sie am ehesten bereit, Regeln zu akzeptieren.

◗ Nur wenn Eltern von dem, was sie fordern, überzeugt sind und ganz und gar dahinterstehen, sind sie glaubwürdig. Erst dann sind sie bereit, für die Durchsetzung von Regeln zu kämpfen. Bevor Eltern eine Grenze setzen, sollten sie sich also überlegen, wie wichtig ihnen das Verbot ist.

◗ Nur wenige, gezielte Regeln aufstellen, denn so hat jede Regel Gewicht. Und nur so werden sich alle in der Familie damit wohlfühlen. Eine Inflation an Verboten verwirrt, engt ein und ist zudem wirkungslos.

◗ Flexibel bleiben: Die Gültigkeit von Grenzen und Regeln immer wieder überprüfen. Einschränkungen, die an einem Tag noch gelten, sind vielleicht ein paar Monate später schon überholt. Also nicht an eingefahrenen Ansichten kleben, gegebenenfalls die Sichtweise verändern.

◗ Den Sinn von Grenzen nicht vergessen. Sie sollen zwar beachtet werden. Aber sie sind auch da, damit Kinder sie testen und überschreiten. Denn Kinder müssen erfahren, wieweit sie gehen können und ob die Eltern zu ihren Forderungen stehen. Kinder müssen auch üben, gesunden Widerstand zu leisten.

◗ Für sich klären, was man bereit ist, für die Kinder zu tun, und was nicht. Denn es ist immer leichter, die eigenen Verhaltensweisen zu steuern – und damit Dinge zu verändern – als die anderer.

◗ Immer den Grund für das (unerwünschte) Verhalten des Kindes erkunden – denn hinter jeder Handlung steckt eine Motivation, ein Bedürfnis, ein Ziel, ein Konflikt. Um also Kontroversen aufzulösen, ist es wichtig, nicht nur das sichtbare Benehmen eines Kindes anzugehen, sondern auch, sich in das Kind hineinzuversetzen.

◗ Die eigenen Handlungen begründen, damit die Kinder verstehen, warum die Eltern bestimmte Grenzen setzen. Dazu gehört auch, daß die Eltern sich selbst mit ihren Erwartungen und Erziehungszielen auseinandersetzen.

- Versuchen, ein Vorbild zu sein, an dem Kinder sich orientieren können. Denn wenn Eltern von ihrem Nachwuchs Verhaltensweisen fordern, die sie selbst nicht einhalten, werden sie wenig erreichen.
- Dazu stehen, daß Eltern ein Recht auf Ruhe, eigene Zeit, Rücksichtnahme und höfliche Behandlung haben.

Zu guter Letzt

Auch wenn es noch so schlimm kommt – vergessen Sie den Humor und das Lachen nicht. Die meisten Konflikte haben auch ihre komische Seite. Wenn es nur noch kracht im Familiengebälk – einen Spaziergang oder eine Spritztour mit dem Fahrrad machen, tief durchatmen und sich sagen: In anderen Familien läuft es auch nicht besser – auch wenn sie manchmal so tun. Sie haben bloß andere Probleme, aber Probleme haben sie bestimmt. Und zum Glück gehen die meisten Schwierigkeiten vorbei.